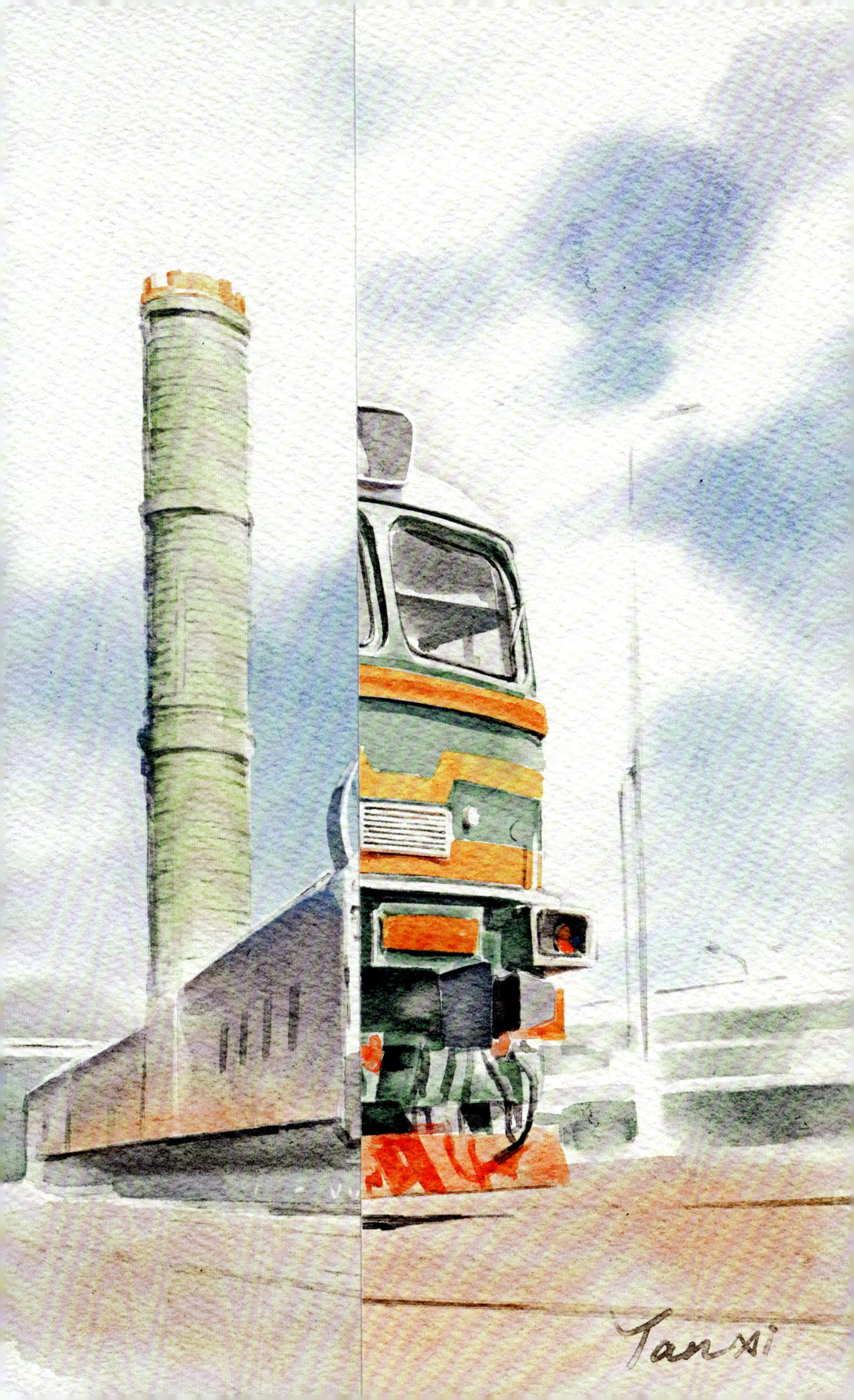
Tanxi

大地的勇士

苏联的铁路导弹综合系统

孙宁 施展 杨帅 —— 著

中国出版集团 东方出版中心

图书在版编目(CIP)数据

大地的勇士 / 孙宁, 施展, 杨帅著. -- 上海 : 东方出版中心, 2024.10（2024.11重印）.
ISBN 978-7-5473-2520-9

Ⅰ. U23-49

中国国家版本馆 CIP 数据核字第 2024K3M205 号

大地的勇士

著　　者　孙　宁　施　展　杨　帅
责任编辑　刘　鑫
装帧设计　青研工作室

出 版 人　陈义望
出版发行　东方出版中心
地　　址　上海市仙霞路345号
邮政编码　200336
电　　话　021-62417400
印 刷 者　上海盛通时代印刷有限公司

开　　本　890mm×1240mm　1/32
印　　张　5.5
插　　页　1
字　　数　136千字
版　　次　2024年10月第1版
印　　次　2024年11月第2次印刷
定　　价　68.00元

版权所有　侵权必究
如图书有印装质量问题，请寄回本社出版部调换或拨打021-62597596联系。

前　言

苏联已解体 30 余年，随着时间流逝，苏联的诸多科学技术成果也跟随着这个红色超级大国一起走进了历史，使得科技史中属于苏联的成就慢慢被淡忘，甚至被质疑是否存在过。但是，对历史的虚无化处理一定会受到历史的惩罚。笔者写作此书，正是为了让读者们知道：苏联曾经设计制造过导弹武器历史上的一项伟大创造——РТ-23УТТХ"勇士"作战铁路导弹综合系统。

早在 2005 年，俄罗斯就终止了 РТ-23УТТХ"作战铁路导弹综合系统"（БЖРК）的战备值班和服役。可是前些年，又争论过是否该让它重新服役，为此俄战略火箭军司令部甚至专门提出过申请，并得到了专家和社会的响应。

这些争论让"勇士"系统从历史的角落中被发掘出来，成为焦点，继而引出了一系列的疑问："勇士"系统研制的指导思想是什么？苏联是在什么条件下研制出这款独一无二的战略导弹系统的？苏联在试验阶段是如何解决"勇士"系统装载难题的？它的研发、试验、服役再到最后销毁，有着太多不为人知的秘密，能否一探究竟？

研制作战铁路导弹综合系统的过程，既紧张又充满戏剧性。这款武器由于其独特性和首创性，对现代史的研究也具有一定参考价值。它凝结了苏联上千家企业、无数技术人员的辛勤劳动，是真正的国之重器。对于战略对手而言，想要毁灭苏联，就不得不忌惮这款在铁路上发射的战略武器。但冷战时期的吊诡之处在于，毁灭世界的武器反倒成为维护世界和平的重要保障，"勇士"也不例外，它的服役被认为对世界和平是有益的。

尽管作战铁路导弹综合系统的研制花费了数十年时间，但有关它存在的信息却长期受到严密封锁。除了直接参与项目的人，没有人知晓它的存在，甚至参与项目的人也只能接触到与自己相关的那一部分。直到后来，神秘的面纱才被揭开。

对远离导弹—火箭制造领域的人来说，作战铁路导弹综合系统似乎是昙花一现，曾经如挥舞魔杖一般迅速出现，又迅速消失。然而，这并不符合事实。它的历史包含着许多成与败，它的身上凝聚着无数技术人员的智慧和心血。

在研制РТ-23/РТ-23УТТХ作战铁路导弹综合系统期间，苏联各工业部企业与国防部组成了绝无仅有的最强组合。这一组合密切配合，有条不紊地建立了高质量新体系，解决了当时很多工艺上、新材料上和元件基础上的难题，而这些难题都是在作战铁路导弹综合系统研制过程中无法绕开的。

作战铁路导弹综合系统的研制和运用经验，尤其是如此大规模项目的组织方式方法，对于今天同样具有不可忽视的学习和利用价值。

本书展现的仅仅是苏联科学技术和工业发展历程中的小小篇章——基于主要设计局、研究所、工厂和军事单位的资料以及项目参与者的记叙，讲述铁路机动洲际弹道导弹系统的发展历程。

目 录

前言/1

第一章　海岸守卫者/1

第二章　机动发射/21

第三章　固体还是液体？/34

第四章　蚕茧式外壳/48

第五章　最初的成果/67

第六章　陆地巡洋舰/88

第七章　飞行试验/98

第八章　优化和改进/101

第九章　事在人为/120

第十章　通用机械制造/133

第十一章　大地的"勇士"/142

第十二章　未来的可能性/160

附录　美国的铁路导弹系统/163

参考文献/167

第一章　海岸守卫者
——铁道炮系统

搭载导弹的重型铁路武器系统并非突然出现于世。它将铁路搭载重型火炮武器的设计思想与作战导弹结合了起来。搭载导弹的重型铁路武器系统，无论在设计思路上还是在技术方法上，都十分贴近之前的铁路作战系统。

利用铁路运输设备搭载重型武器的想法，从一开始就相当明确，对象是大口径火炮。用马匹运输大口径火炮几乎是不可能实现的事。在诸多著名的画作和照片中，都可以看到人和马匹把陷在泥里的大炮勉强拖拉出来的情形。在19世纪和20世纪交替之际，即使蒸汽拖拉机的出现也没能改变这种情况。因此，人们很少使用普通陆路来运输如此重的物体。

将火炮系统部署在铁路平台上进行机动的想法，在第一条铁路出现时就应运而生了。俄国的第一条铁路于1837年在圣彼得堡与皇村之间开通。这无疑推动了将这种新型技术应用于军事的想法。当铁路还在铺设阶段时，俄罗斯军事工程师 П.列别捷夫（П. Лебедев）就发表了《运用铁路保卫大陆》。他提出将火炮装置装载在专用平车上，部署在沿海修建的两条平行铁路上，铁路以海那一侧的石墙进行保护，一条轨道上的平车装载加农炮，而另一条轨道上的平车装载臼炮。

1847年，俄军大尉工程师古斯塔夫·科里（Густав Кори）制订出转向架火炮堡垒计划，即将火炮配置在转向架上，沿着轨道从一个阵地向另外一个阵地运动。克里米亚战争期间的1855年，俄国工

程师 Н.列平（Н. Репин）制订出《运用轨道蒸汽机车运送炮兵连计划》。

1860 年，俄军中尉 П.福明（П. Фомин）起草了将大口径火炮配置在铁路平台上的计划。只是所有这些计划在当时的俄罗斯都未得到重视。铁道炮系统的时代还没有来临。

真正将火炮装置推上了铁路平台的，是美国的南北战争。最先出现的是后来被称为装甲列车的设备。首台名为"轨道炮舰"的装甲列车，是 1861 年联邦在费城制造的。这种列车具有铁质装甲车厢，并配有前膛炮。联邦打算使用它作为巡察铁路的战术器材。而不久后，在南方邦联也出现了类似的装置。

随后在普法战争（1870—1871）中，类似的铁路系统均为交战双方使用。而英国人在第二次布尔战争（1899—1902）和对埃及的作战行动中开始运用铁路系统。就这样，新的战术武器——装甲列车成形了。

美国杂志描绘"轨道炮舰"的版画

第二次布尔战争中的装甲列车

间接接敌的重型铁道炮系统，是逐渐分离出来的独立方向。它们在一定程度上可以被认为是作战铁路导弹综合系统（БЖРК）的雏形。

美国"南方"的第一个装甲铁路装置，是1862年根据约翰·布鲁克斯的设计制造的，被命名为梅里马克夫人（Lady Merrimac）号。它装载有32磅前装舰炮，前端是一个倾斜护盾，倾斜护盾以厚实方木为底，表面固定了一层截下的铁轨，侧后方则没有防护。后来南方邦联至少还制造出了两个类似的装置，并且在侧面加装了遮盖物以保护火炮和乘员。

在里士满的作战行动中，装甲铁路装置被成功应用。重型火炮被布置在铁路平台上，用不大的蒸汽机车牵引着在荒废的铁路上机动，向着敌人的工事开火。尽管没有取得什么非凡的战果，但这种经验并未被遗忘，不久以后它又会被利用起来。

在1889年的巴黎世博会上，展出了配备120毫米火炮装置的"圣沙蒙"（Saint-Chamond）铁路平台。后来这种平台被不断完善。法国的火炮工程师G.卡恩和佩尼耶将军共同研制了能在中部下垂的肘状平车，增强了铁路平台在射击时的稳定性，这一发明后来被大多数大型铁道炮系统所采用。

铁道炮装置得到广泛应用，是在第一次世界大战期间。当一战临近尾声时，仅法国就部署有上千台口径从200毫米到400毫米的铁道炮装置。法国最著名的铁道炮装置是520毫米口径的"施奈德"铁路榴弹炮，重263吨，能够把重达1 400千克的炮弹发射到17千米外。法军在凡尔登向德军反击，夺回要塞时使用了它。

德国人那边则制造了"科洛萨尔"（Kolossal，意为巨大）铁道炮装置，并动用了三台对巴黎进行炮击，后来人们干脆称它为"巴黎大炮"。"巴黎大炮"通过有18对轮子的铁路平台运到发射阵位，然后架在固定基座上射击，它总重为256吨，这在当时已经是很大的成就。

А. Г.杜克利斯基（А. Г. Дукельский）是当时俄国铁道炮领域的领头专家，也是俄罗斯铁路平台火炮系统的理论研究和实际开发的奠基人之一。他曾表示，整个火炮技术界都震惊于德国人的成就。

与此同时，英国也在特种平车上安装了口径为305毫米和356毫米的火炮，不仅可以沿途射击，还可以从曲线地段（岔线）射击。意大利也在亚得里亚海沿岸的铁路运输设备上部署了口径分别为75毫米、102毫米和152毫米的火炮装置。

美国很快追上了自己的欧洲竞争对手。1918年美国建成了11台口径356毫米的铁道炮装置，其中6台被送往欧洲参加西线的作战行动，它们在凡尔登和梅斯附近的战斗中表现出色。这样的作战经验对于美国人十分有益，借此他们很快总结出全世界铁道炮装置的生产和应用经验。美国国会于1924年通过了专门的提案，计划制造数组装有356毫米口径火炮的铁路平车来保护美国沿海地带。

梅里马克夫人火炮装置的炮组

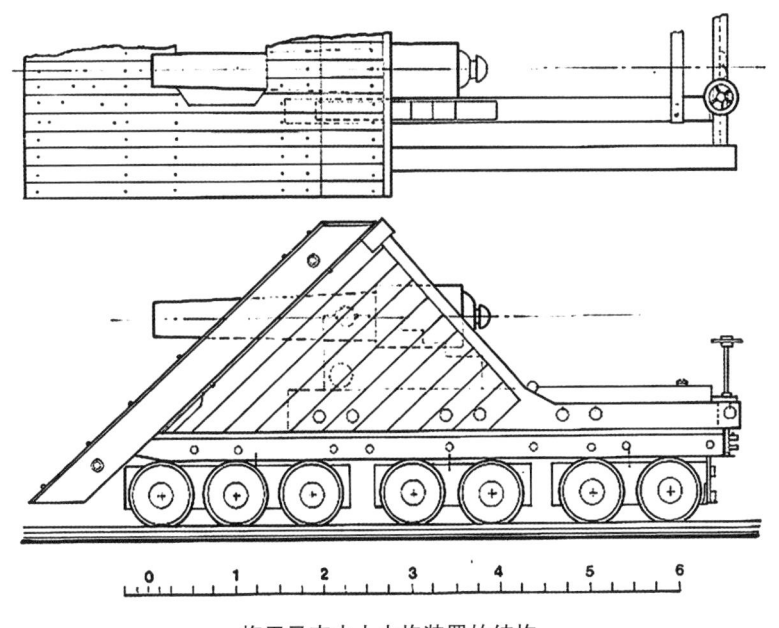

梅里马克夫人火炮装置的结构

"施奈德"铁道炮装置

装备铁道炮装置的英国炮兵连

一战时，铁道炮装置向全世界展示了自身高超的战斗力。这是铁道炮装置的光辉岁月，它们主要被用来摧毁阵地上的工程和工事。铁道炮装置在法国、意大利、德国、英国和美国都有制造，通常配备的是舰炮。很多铁道炮装置的重量都达到了300吨，在结构复杂的多轴平车助益下，轴载荷降低到了16—18吨/轴。

一战结束后，德国所有的铁道炮装置都被协约国拆除。但1933年后，德国又恢复了庞大的武装计划，其中包含了铁道炮装置的发展规划。实际上，在1933年之前的15年中，德国的军事工程师一直在铁道炮装置领域进行深入的理论研究，甚至还进行过紧张的实践。在20世纪40年代向苏联发起进攻的时候，德国已拥有强大的铁道炮装置，13个炮兵连中编有70余台铁路平车，其中有41台280毫米口径的火炮装置和9台240毫米口径的火炮单元。德国人在二战期间积极生产铁路平车，在制造时，德国专家很多时候直接利用了现成的旧舰炮，它们是从巡洋舰和战列舰上拆下来的；还利用了作为战利品从法国缴获而来的部分火炮。这些铁路平车被应用到了战场上，包括东线战场。

俄国的首批铁道炮装置出现在19世纪末，当时尝试性地购买了6台法国施奈德工厂制造的铁路平车。

一战开始后，俄国不得不着手掌握这项新技术。1915年，炮兵委员会审查了一份将16英寸榴弹炮装配在铁路平台上的方案，该方案打算将铁道炮装置在弓形地段进行射击。

1916年年底，俄国海军部向彼得格勒冶金厂下达了开始研制铁路平车的任务，计划在平车上安装254毫米口径火炮的炮架（与"罗斯季斯拉夫"号铁甲舰上的炮架为同一型号），而火炮本身则从已经制造好的成品中选取。

这在当时来说是一项新的技术挑战，因此海军部再次借鉴了法国人的经验，将法国的240毫米口径铁道炮装置作为原型。海军部调出

彼得格勒冶金厂车间正在装配的 10 英寸口径火炮铁路平车

了两台重 50 吨的平车作为火炮的基础载体，而此前这些平车主要用来从彼得格勒向黑海大量运输海军物资。

尽管受到战争和二月革命爆发的影响，但在 1917 年，彼得格勒冶金厂还是设法完成了第一台铁路平车的制造。平车在海军靶场完成了试射，不过装置最大仰角 35 度，仅能旋转 2 度，只能沿途进行射击。为了在射击时减轻平车的负担，使用了螺旋千斤顶（螺旋起重器）将两个支板压紧在轨道上。为了减少后坐力，在轨道上设置了卡板。总体来说，装置的结构还不够完善。不久之后，与"罗斯季斯拉夫"号同款的 254 毫米口径火炮炮架被替换成了 203 毫米口径火炮炮架。

十月革命之后，彼得格勒冶金厂以留下的专家组为核心骨干，由 А. Г. 杜克利斯基牵头，继续集中开展铁道炮装置的设计和制造工作。

А. Г.杜克利斯基——苏联铁道炮装置的缔造者之一

А. Г.杜克利斯基是苏联铁道炮装置的缔造者之一，在他的领导和直接参与下，苏联先后研制出了TM-1-14（配备356毫米口径火炮）、TM-2-12和TM-3-12铁路平车（均配备305毫米口径火炮），其中字母TM代表海军平车，数字1、2、3是设计开发代号，数字14和12代表以英寸为单位的火炮口径。

如果一个国家在战争和革命中失去了整支舰队，那么加强海防就有了十分重要的意义。正是这一因素推动了海军火炮铁路平车的研究工作。不过在20世纪20年代，仅有为数不多的铁道炮装置被交付给海军。尽管有着对铁道炮装置的兴趣，但实际上当时并不具备继续开展相关工作的条件。

在苏联的国内形势稳定下来后，国土漫长的海岸线又让部署移动岸炮这件事变得紧迫起来。1927年，制造铁道炮平车的问题被再次提出。此时А. Г.杜克利斯基已经是舰炮领域的知名专家。他主张将未建成的"伊兹梅尔"级战列巡洋舰遗留的那些356毫米口径火

TM-1-180 铁道炮装置

炮安装到铁路平车上。

之后，А. Г.杜克利斯基受到了"工业党"案件牵连，不得不一度在列宁格勒"十字"监狱的"封闭劳动"中证明研制铁道炮装置的正确性。20世纪30年代初期，按照苏联革命军事委员会的决议，在列宁格勒冶金厂的专业化生产基础上组建了由А. Г.杜克利斯基领导的独立设计局（第3试验设计局），负责设计安装有356毫米口径火炮的TM-1-14平车。1930年4月29日，设计方案获得了批准。为了试验第一台平车，在某个火车站区域修建了2千米的铁路支线。根据革命军事委员会命令委派的委员会确认，1932年4月5日进行的所有火炮射击都取得了很好的效果，而装置本身操作简单，符合时间要求。1933年6月8日至9日，成功进行了第二次装置试验，6月15日成功进行了第三次装置试验。

TM-1-14平车的生产任务被分配给数个工厂执行。主梁和转向架由"红色普季洛维茨"工厂（后来更名为基洛夫工厂）制造。铸件由列宁工厂负责，锻件由奥布霍夫工厂（后来更名为"布尔什维克"工厂）负责。专用车厢的制造工作交给了叶戈罗夫工厂，其余部件的制造和最重要的平车装配工作，则由列宁格勒冶金厂承担。

1933年至1934年，苏联还生产了三台305毫米口径铁道炮装置（TM-2-12平车）。从战术-技术数据上看，苏联的356毫米和305毫米口径铁道炮装置要优于美国和法国生产的同类设备，因为它们可以实现360度旋转射击，而当时其他国家的同类设备只能旋转20度。TM-1-14和TM-2-12铁道炮装置在设计上的成功还体现在它们能以-2到50度的仰俯角射击，而美国和法国的同类设备仅有20到40度的仰角。

苏联在20世纪30年代开始研制180毫米口径火炮平台，将海军炮兵的MO-1-180岸炮稍作改动就直接应用到了平台上。平台的装甲护板被减轻，正面装甲厚度为38毫米，侧面装甲和顶部装甲厚度为20毫米。缩小后的火炮口径和八个支撑柱让平台能够全向搜索和射击，火炮自身则依靠中央支撑枢轴转动。180毫米铁道炮装置和固定炮台火炮装置的研制工作，由A. A.弗洛连斯基（А. А. Флоренский）和Н. В.波格丹诺夫（Н. В. Богданов）牵头进行。TM-1-180铁道炮装置由第198尼古拉耶夫工厂负责生产，配用的Б-1-П火炮由"街垒"工厂负责制造。

TM-1-180铁道炮装置于1934年投入使用，作为相对轻型的火炮系统，它具备足够的机动性，能在苏联大部分的铁路上运行。当然，TM-1-14、TM-2-12和TM-3-12也具有这样的机动性，其中后两种铁道炮装置上还配备了小型发动机，用于"自行推进"。

苏联不仅计划在欧洲战场上运用铁道炮装置，还计划组建并调遣八个铁路炮兵连到远东地区。1932年初，首批三个炮兵连抵达滨海作战集群。针对远东地区还制造了补充装置，二战爆发后，这些装置在符拉迪沃斯托克被组装起来。按照苏联人的构想，重型铁道炮装置应能够与潜在对手的战列舰相抗衡，并依靠自身的机动性免受敌人炮火损害。

在革命军事委员会决定增派一个 TM-1-14 炮兵连到远东地区后，1933 年 10 月，该炮兵连每昼夜行驶 300 至 350 千米，和铁道炮装置一起穿越了整个国家。TM-1-14 铁道炮装置的转移是在保密情况下进行的，事先经过仔细伪装，过程受到情报机关的严格管控。军列经过的所有车站都禁止无关人员靠近，经过的所有铁路路段都有专门"护航"。

编有三台 TM-1-14 的另一个炮兵连于 1935 年 6 月开始服役，部署在波罗的海沿岸。

同样是在尼古拉耶夫，"马蒂"造船厂利用 305 毫米口径火炮制造出了 TM-2-12 铁道炮装置。TM-2-12 也由 А. Г. 杜克利斯基牵头，在第 3 中央造船设计局（ЦКБС-3）完成设计。TM-2-12 上安装的是英国"维克斯"工厂制造的炮管，它原本是配给"安德烈·培尔沃兹万内"号铁甲舰使用的。

ТГ-1 火炮炮管

TM-3-12铁道炮装置使用的也是305毫米口径炮管。TM-3-12的许多部件来自被炸毁的"玛利亚皇后"级战列舰，它们在被打捞起来之前已在海里沉睡了15年以上，工人们对它们稍作整理和加工后就成功利用了起来。TM-3-12在结构上的创新之处是：上炮架连同往复部分、炮管能够下降到主梁内腔里面，从而大大降低整个装置在行军时的高度。TM-3-12的另一个特点是，平车底部有枢轴基座，能够在阵地预设的混凝土基础上全向射击。TM-3-12的制造工作主要由尼古拉耶夫工厂负责，该工厂在沙俄时期曾建造过"玛利亚皇后"级战列舰，有较为成熟的经验。首台TM-3-12铁道炮装置于1938年6月完成制造，其余两台分别于1938年和1939年出厂。

就像几十年后的作战铁路导弹综合系统一样，铁道炮装置实质上是一个综合体，除了火炮装置本身以外，还包括火力控制车厢、指挥车厢、炊事车厢、储藏车厢、居住车厢等等。编有三台TM-3-12铁道炮装置的炮兵连共有459名作战人员，他们分为五个梯队：三个负责火炮装置，一个属于移动基地，一个负责对空防御。有趣的是，这种编制与后来的作战铁路导弹综合系统十分相似。

1938年4月5日，苏联开始研制新的1938式铁道炮系统，并打算为它研制铁路用180毫米和356毫米口径火炮，射程分别为48千米和77千米，弹重分别为70千克和508千克，还打算为它研制口径为500毫米、射程为25千米、弹重为1 250千克的榴弹炮。356毫米口径火炮和500毫米口径榴弹炮的研究始于1938年年底，主要研究人员（负责开发往复部件）都曾在内务人民委员会特种技术局（在列宁格勒"十字"监狱内）工作。

到20世纪30年代末，苏联已经将TM-1-14、TM-2-12、TM-3-12、TM-1-180、TM-1-152铁道炮装置用于海岸防御，这些系统的平车上分别装备着356毫米口径到152毫米口径不等的舰炮。它们部署在波罗的海沿岸、远东、黑海沿岸以及列宁格勒附近。全苏联数十

架设在预设混凝土基础上的 TM-3-12

个工厂参与了这些重型战斗铁路系统的生产工作。

卫国战争爆发前的1940年年底，新克拉玛托尔斯克工厂进行了TΠΓ平车上的TΓ-1装置试验。之后在1941年夏天，在列宁格勒附近的靶场上又进行了后续试验。新克拉玛托尔斯克工厂原计划在1942年年底前生产28台铁道炮装置，但由于工厂还承担着建造水面舰艇的繁重任务，所以只制造出了一台TΠ-1和TΓ-1。战争爆发后，铁道炮装置的生产计划被迫终止。

TΓ-1的性能数据保留至今：它有着500毫米口径炮管，炮弹初速达到490—580米/秒，火炮最大仰角70度，横向射角6度。在作战状态下，装置总重353.3吨，射速2分钟1发，爆破弹最大射程25千米，弹重1 450千克，混凝土破坏弹最大射程19.5千米，弹重2 050千克。

铁道炮装置被积极投入苏芬战争中。战争结束后，苏联一个TM-3-12炮兵连（装备3台305毫米口径铁道炮装置）和一个TM-1-180炮兵连（装备4台180毫米口径铁道炮装置）被部署到汉科半岛上，当时的汉科半岛由苏联租借。卫国战争开始后，由于芬兰加入德国一方，这些火炮装置又重新开始对芬兰人作战。汉科半岛的守卫者们顽强战斗到了1941年12月，但最终还是做出了从半岛撤离的决定。苏联红军在离开之前采取了一切措施销毁铁道炮装置，炸毁了火炮后膛，破坏了制退装置，并把转向架的行走部分沉入海中。

但是这些铁道炮装置的故事并没有就此结束，芬兰人对装置的残余部分进行了研究，然后加以修复。最先修好的是威力最小的180毫米口径铁道炮装置，首个装置在1941年12月就修理完毕（仅用了一个月！），而一年后芬兰人就把所有180毫米口径装置都修复了。芬兰人在战争期间有时会动用这些修复而来的装置。

对于芬兰人来说，利用缴获的苏联军事技术设备是常有的事，甚至在卫国战争结束后他们还在利用缴获的苏联坦克、飞机和其他装备。总之，在历次战争和作战行动中，很多铁道炮装置和装甲列车都被"俘虏"，然后继续服役，很多时候只是改了个编号。

芬兰人在面对更重型的305毫米口径铁道炮装置时，情况就复杂得多了，它的炮管严重受损。还是德国人伸出了援手，他们把在法国缴获的炮管拿给了芬兰人，这些炮管原本是为"亚历山大三世"号战列舰制造的。就这样，三台305毫米口径铁道炮装置被纳入了芬兰人的编制。在芬兰退出战争后，这些装置又根据国际协定被交还给苏联。它们在被修整之后重新进入苏联海军的岸防部队服役，直到1961年被裁撤并封存起来。再后来，其中一台被运到莫斯科的伟大卫国战争展览馆陈列，直到今天还在以它的巨大尺寸和复杂结构震惊着世人。

苏联铁道炮装置在列宁格勒前线的战斗中作出了自己的贡献。它们与舰炮一起遏制住了德军的冲击，打击了德军兵力和工事，并参与了反敌军炮兵作战。苏联铁路炮兵在作战行动中还采用了新的射击战

莫斯科伟大卫国战争展览馆的 TM-3-12 铁道炮装置
（本书作者孙宁 2005 年拍摄）

术，不再按顺序执行单个任务和每次完全收拢装置，而是开始同时发起攻击。在和时间的赛跑中，他们是这样取胜的：只让平车部分地、不完全地从战斗状态转换为行军状态。射击场地并不会废弃，从火力阵地撤出时就操作好行军固定装置，纵梁暂且放在一旁，支撑底座就留在原位。通过这些办法，装置的收拢时间从原先的 25 分钟一下子就缩短到了 3—4 分钟。同时，为每一个平车都预先准备了好几处射击阵地。

在列宁格勒前线，苏联重型铁道炮装置的对手是德国制造的以及德国从捷克斯洛伐克、法国缴获的铁道炮装置，双方火炮间的"决斗"持续了 900 天。1942 年初，苏联的铁道炮装置被编为第 101 海军铁路旅、第 11 独立炮兵连和第 30 号装甲列车。两台 TM-1-180 铁路平车被运往喀琅施塔得，而另两台同型的装置被留在了列宁格勒。

在列宁格勒被封锁期间，列宁格勒机械厂和布尔什维克工厂设计局的专家们因地制宜，进行了 Б-13 铁路平车的研究，旨在为平车配备舰炮，其中最主要的是 130 毫米口径火炮。而这些专家们撤离到斯大林格勒后，工作重点转移到了更重的 152 毫米口径火炮上，意在把它装备到 Б-64 平车上。这一型号的平车共制造了 8 台，并参与了战斗。

而德军也装备了好几种铁道炮装置，既有专门研制的，也有从海军舰炮改装而来的。这些铁道炮装置中，有一部分直接利用了一战时期的设计或是模仿了一战时期的设计。20 世纪 40 年代初，德国新服役的铁道炮装置中有两型 280 毫米口径的，分别是 K（E）型和 K5（E）型装置。它们主要用于西线作战，但也在东线战场（塞瓦斯托波尔、斯大林格勒和列宁格勒）上使用过，但并没有发挥出什么很特别的作用。

1942 年年底，德军指挥部迫于压力不得不加强列宁格勒附近的火炮集群，重新确定对城市的射击战术，改变火炮装备的组织方式。

曾在塞瓦斯托波尔作战的重型火炮装置被转移到列宁格勒地区，包括220毫米口径和420毫米口径（名为"大贝尔塔"）的臼炮以及400毫米口径的榴弹炮。此外，还从法国、捷克斯洛伐克和德国运来了装有240毫米口径、210毫米口径和177毫米口径火炮的铁路平车。

1938年到1940年，德国制造了两台K12（E）型210毫米口径火炮原型装置，射程达到120千米。它们时不时被用来向英国海岸地区发射炮弹，作用平平。威力更大的铁道炮装置是38 cm Siegfritd（齐格飞）K（E）型装置，它装备了380毫米口径火炮，不用拆卸就能够在道路上移动。这三台铁道炮装置均用于西线作战。

而德国最令人印象深刻的是800毫米口径超重型铁道炮装置，它于20世纪30年代末由克虏伯公司研制，专为摧毁防御工事而生，首先就针对法国马其诺防线，据说连希特勒都对这个"奇迹般"的巨炮方案感到惊讶。超重型铁道炮装置的方案于1937年完成，同一年德国政府就下令开始制造这种新武器。它的官方名称是80 cm K（E）型装置，其实就是人们后来熟知的"多拉"和"古斯塔夫"大炮。克虏伯公司于1941年制造出首台"多拉"超重型火炮装置。同年年底，该火炮装置形成战斗力，被编入专门组建的炮兵营。超重型铁道炮装置的炮管约有100次射击的使用寿命，但在前15次后就能够发现明显的磨损痕迹。

80 cm K（E）型装置应该是有史以来最重的火炮装置，总重量在1 350吨到1 488吨之间。仅火炮自身就重约400吨。装置的结构十分独特，使用了占据两条平行铁路（四条轨道）的特殊平车。装置的左、右两部分是分开送往阵地的，在阵地上使用横向U形梁组合起来，形成独特的下炮架，在下炮架上再安装带有摇架和制退系统的上炮架，最后才装设炮管和装弹平台。平车有40个轴和80个轮子，一条铁路上就有40个轮子（每条轨道20个轮子），两条平行铁路占据了6米宽度。

双铁路平车上的德国 800 毫米口径炮 80 cm K（E）

为了运输和维护超重型铁道炮装置，德国人研究出了整套技术设备，包括发电机车、铁路维护机车、弹药机车、起重运输设备和其他一些流动技术机车，车头和车厢总计达到 100 个，人员达到数百名。

按最初计划，超重型铁道炮装置将对法国马其诺防线发起攻击，但由于法国迅速战败，这一打算失去了意义。德国人后来曾考虑过用它去对付直布罗陀的工事。不过"多拉"大炮实际上也只在塞瓦斯托波尔附近被使用过，当时它距离苏联防御工事约 20 千米，经过几个月的训练后，操作人员于 1942 年 6 月开始用它实战，48 次射击中仅有 1 次成功击中目标（击中了位于地下 27 米的弹药库）。

之后，"多拉"大炮磨损的炮管被送回工厂维修，而平车则被调往列宁格勒。德国人原打算把第二台"古斯塔夫"超重型火炮装置也部署到列宁格勒。不过战争的进程打乱了上述计划，随着苏军发起反击，打破了对列宁格勒的封锁，两台装置只能退回德国，并在战争临近结束时被炸毁。

总体来说，德国人为建造巨炮耗费了巨大的精力和资源，然而取得的战果却与之极不相称。德军总参谋长哈尔德曾这样评价巨炮装置："是真正的艺术作品，但毫无用处。"

更加"朴实"的苏联铁道炮装置则在波罗的海沿岸地区的历次作战中发挥了重要作用，它们打击了各种各样的目标。同时在列宁格勒被围困期间，无论大型的铁道炮装置还是中型的铁道炮装置，一台都没损失。苏联红军对于铁路炮兵的运用越发老练，采取了诸如"打击-撤退""假阵地"之类的方法，还采取了各种各样的伪装手段。在战争接近尾声时，铁路炮兵旅共拥有3台356毫米口径、3台305毫米口径、12台152毫米口径和39台130毫米口径的火炮装置。

战后，苏联还研制过新的铁道炮综合系统。第19中央设计局在1943年设计出了406毫米口径的火炮系统。1951年，列宁格勒第34中央机械制造设计局（后来的特种机器制造设计局）基于前者的设计开发出了"СМ-36"装置，首次采用了双后座系统、专门的"Б-30"集合控制台和"尖角堡"雷达站。"尖角堡"雷达站于1948年开始研制，采用了新型指示器，能够根据炮弹命中时的"波动"来确定准确坐标，并用于校正射击。

铁道炮装置长期在苏军中服役，但曝光度不高。直到20世纪80年代中期，它们才从黑海和波罗的海沿岸地区退出现役。

第二次世界大战前夕制造的铁道炮系统，无论单从火炮方面看，还是单从平车结构方面看，都是十分复杂的。它们的很多操作过程都实现了机械化，利用了液力传动和电传动。为了让这样重的装置能够沿铁路行进，采取了十分巧妙的技术手段。例如，苏联的TM-3-12装置在行军状态下重约340吨。为了让它运行起来，采用了带有复杂双级减重系统的16轴行走装置，使每个轴的负荷降低到了可接受的范围，略大于21吨/每轴。这些方法解决了装置在射击时的稳定性问题，同时也缩短了装置从行军状态转换到战斗状态的时间。

苏联技术人员在研制重型铁道炮装置的工作中积累了大量专业经验，为后续建立专门机械制造设计局和相关企业奠定了基础，而在技术层面上则为新型铁路导弹发射系统的研制奠定了基础。

第二章 机动发射
——导弹与铁路平台

一、结合导弹与铁路平台的最初尝试

火箭武器一出现在第二次世界大战的战场上,就立即有人提出了把火箭和铁路平台结合起来的建议。那时人们倾向于把火箭武器同各类平台组合在一起。

卫国战争爆发后,苏联工业完全转向武器生产,在新型武器中就有齐射式火箭弹装置。1941年6月,苏联在国防委员会之下成立了火箭武器委员会,并由苏联人民委员会第一副主席 Н. А. 沃兹涅先斯基(Н. А. Вознесенский)负责。由 П. И. 帕尔申(П. И. Паршин)领导的通用机械制造人民委员部成为火箭弹发射装置相关工作的主导部门。为了加快生产进度,通用机械制造人民委员部指定莫斯科的"压缩机"工厂为主要生产企业,在工厂的组织架构内成立了火箭弹发射装置专门设计局。

由 В. П. 巴尔明(В. П. Бармин)领导的专门设计局工程师团队研制了多种火箭弹发射装置。专门设计局在莫斯科战役期间没有撤离到外地,他们接到了为装甲列车和装甲铁路平台研制 M-8 和 M-13 火箭弹发射装置的任务。

在当时,为铁路平台研制火箭弹发射装置是一项全新的任务,要在有限的时间内思考和解决设计过程中的诸多难题。世界范围内没有可供参考的实践范例,留给深入研究的时间完全不够。在这种情况下,完全从头设计和生产专门的铁路平台不现实,于是利用了拖拉机平台和汽车平台上现成的火箭弹发射装置。

由于火箭弹发射装置的作用距离相对较小，且会受到敌人炮火打击，专门设计局为铁路火箭弹平台研制了装甲上层结构（装甲上层建筑），以保护全体操作人员和储备的基数弹药。电焊研究所所长 E. O. 帕通（E. O. Патон）向专门设计局提出了使用装甲钢焊制铁路平台结构的建议。

专门设计局研制了 132 毫米口径和 82 毫米口径的装甲铁路火箭弹发射装置。1941 年 12 月，"压缩机"工厂与 B. E.沃伊托维奇车厢修理厂合作生产了 5 台铁路火箭弹发射装置。它们参加了莫斯科保卫战，在市区附近的铁路上发挥了自身的作用。

铁路火箭弹发射装置后来继续生产，并作为装甲列车、装甲平台甚至轨道车的组成部分得到使用。

而在德国那一边，瓦尔特·多恩贝格尔也接到了类似的开发任务。根据他在回忆录里的描述，在研制 A-4（V-2）导弹的初期，德国人就在构想各种发射方式，其中就有专门的铁路平台。1944 年年底，第一个专门的铁路平台进入试验阶段。

专门的铁路发射平台能够保证 A-4（V-2）导弹在盟军猛烈空袭下的生存性。导弹配备铁路平台时的整个运作过程是这样的：导弹在隧洞掩护下得到制造和准备，随后带有发射台和起重机械的铁路平车移动到隧洞口。之后发射台被固定在轨道上，在其上装设导弹。最后进行推进剂加注和发射。由于战争形势变化，德国人把导弹部署在铁路平台上的工作断断续续、时快时慢，整体上没有取得什么实质性效果。1945 年 1 月，项目被彻底终止。

1945 年，苏联专家首次在德国见到了 V-2 机动式导弹系统，它被安装在铁路平台上，布置在各个车厢内。不过对于苏联专家来说，当时的首要任务是研制远程导弹，其他问题都是次要的、下一步再解决的事。

铁路发射装置上的 A-4（V-2）导弹

二、铁路导弹综合系统的起步工作

苏联第一代氧推进剂远程导弹拥有巨大的固定地面设施和相当数量的移动工艺设备。这些系统在战争中生存下来的所有希望，都寄托于对发射设施位置的保密和苏军的防空能力，寄托于能够挫败敌军的空袭。在这些系统中还使用着几乎没有防护的侧向（偏横）无线电校正和无线电控制站。总之，它们很容易被发现并被摧毁。

当苏联研制出使用高沸点组分的第二代导弹后，发射装置和工艺设备的外形尺寸已变小了许多，按照设想应能够保证一定的隐蔽性。

当时的导弹综合系统,例如 P-12 这样的导弹系统,已经具有了一定的机动性,发射装置和地面工艺设备可以从一个地点转移到另一个地点。然而,苏联人在 20 世纪 60 年代初发现,要抵御敌人的空中打击仍然是非常困难的。P-12 导弹系统前所未有地秘密部署到了古巴,但很快就被对手发现,假如冲突进一步扩大,它们就有可能被对手摧毁。形势对于苏联一方变得越发危急。

事实上,美国专家在 20 世纪 50 年代后期就提出了"有限核战争"概念,即在高级别紧张冲突时,使用有限数量的核武器打击一个或数个作战行动区域。美国政府在 60 年代初将各种相关的方案归纳为"灵活反应"概念,即根据冲突的规模,有节制地定量使用核武器,而体现这一概念的场景之一就是美国战略核力量将目标从苏联城市转移到苏联导弹发射装置上,实施"解除武装"式核打击。

如果说这些概念直到 60 年代中期前还只是一种"未来趋势",那么从 60 年代后半期开始,它们就具有了现实意义。1968 年,美国开始测试装备了分导弹头的"民兵-3"洲际弹道导弹,并在两年后开始部署这种导弹。理论上,在苏联做出发起反击的政治决定前,美国凭借这种导弹就能够摧毁掉苏联境内的导弹发射装置。

(这一时期,美国和苏联都开始了反导弹防御系统的研制工作,核冲突期间实现"升级控制"情景的技术能力开始显现出来。)

太空侦察手段的发展也在让情况变得复杂。在 1955—1956 年的"太空时代"初期,美苏两国就开始积极研制太空侦察设备,美国开发出了"日冕"系列("科罗纳"系列),而苏联开发出了"天顶"系列。第一代太空侦察设备采用照相方式工作,"结果"需要投送回地面。尽管传回材料和处理材料耗时还很长,但这已经显示了侦察技术上相当大的进步,取得的成效也令人印象深刻。借助太空侦察手段,美国人彻底摸清了苏联在导弹-航天方面的真正潜力。从已经公开的资料可以得知,美国人在 60 年代中期认为他们掌握了苏联所有洲际导弹阵地和其他重要目标的照片文件。苏联也在进行着类似的工作。最终结果是所有战略目标的位置和其他情况都不再是秘密，它们的运作情况能够被监视，只有在夜间或是大气完全阻碍光学仪器观察时，才能摆脱太空侦察设备的"尾随"。

因此，后来苏联在研制作战铁路导弹综合系统时，特别注重保护研究环境，尤其是一些"微妙"的试验都尽量安排在夜间，或是在太空侦察设备飞越后的间隙进行。

在上述背景下，苏联对未来战争性质的看法开始出现转变。苏联官方对"灵活反应"概念持否定态度，苏联专家在20世纪60年代中后期提出了五种可能的冲突状况：

一种是快速大规模核战争；
一种是动用所有类型武装力量的长期核战争（持续核战争）；
一种是动用有限数量核武器的大规模战争；
一种是仅动用常规武器的大规模战争；
一种是仅动用常规武器的局部战争。

这五种状况是以欧洲爆发战争为前提进行的设想，这涉及苏联该如何制定方案，将冲突烈度维持在"常规"水平上。然而第一种状况有不小的可能性成为现实，即美国先发起大规模的第一次打击，试图使苏联核力量失去作用，继而爆发一场全球大战，让世界面临末日。

苏联国防部领导层在这一问题上倾向于果断行动，先发制人，对还在准备进攻的敌人实施导弹核打击。在他们的脑海中，1941年战争不宣而战的记忆太过深刻。而民事和军事专家则主张将反击能力保持在"足够"的水平上即可，办法是从根本上强化发射井防护水平，为导弹配备突防手段，以突破对手的反导弹防御系统，并将机动式导弹综合系统纳入核力量集群中来。苏联方面为此进行了非常严肃的讨论，连导弹综合系统的开发者也参与进来。最终，1968年8月27日，列昂尼德·勃列日涅夫主持的苏联国防委员会在克里米亚召开会议，正式确立了"保障反击学说（威慑理论）"的主导地位。假如没有这次会议，那么历史很可能会走上另一条完全不同的道路。

而到了80年代中期，苏联面临的形势又进一步复杂化，当时美国洲际弹道导弹和潜射弹道导弹的命中精度大幅提升，其中新型MX洲际导弹的命中精度达到了250—300米，对苏联"高防护性"固定发射装置中的洲际弹道导弹构成了十分严重的威胁。

在这样持续冷战的环境下，为了维持战略平衡，苏联不得不在数十年中一直想方设法提高陆基导弹综合系统的作战稳定性，其中一个重要举措便是研制难以被发现和打击的机动式导弹综合系统。苏联专家认为，只要这些机动式导弹综合系统或是它们的其中一部分能够得到保全并参与反击，那么对手的"第一次"打击就会失去意义。研制和掌握能够进行反击的导弹核武器，将促使美苏双方都保持克制。

苏联机动式导弹综合系统的研究工作分为两个方向。前一个"开拓性"方向由А. Д. 纳季拉泽（А. Д. Надирадзе）领导的莫斯科热力工程研究所（前第1科学研究所）负责，旨在研制"节律-2С"（Темп-2С）公路机动式洲际弹道导弹综合系统。莫斯科热力工程研究所曾隶属于苏联国防工业部，工作重点是陆军课题，不过苏联国防工业部并不想放弃战略课题研究。从1965年开始，战略课题以研制"节律-С"（Темп-С）中程弹道导弹系统改进型号为由"变相"进行。后来随着时间推移，战略课题逐步公开并被"正当化"，新型机动式导弹综合系统得到了"节律-2С"的名称。莫斯科热力工程研究所的这一条技术发展路线最终衍生出了"白杨"和"亚尔斯"机动式导弹综合系统。

把导弹装载到高机动性铁路综合系统上的想法也同样很有吸引力，这一方向对于苏联这种拥有发达铁路网的国家而言，有着实际意义。首先，对手很难判断铁路导弹综合系统所处的具体位置。其次，处于战备状态的铁路导弹综合系统能够借助铁路网快速调往各个地区。最后，苏联的导弹-航天领域工业部门也早已习惯使用铁路将火箭和导弹从工厂运往发射场、军械库、靶场和战备值班地点。作战铁路导弹综合系统的研究工作由苏联通用机械制造部集中负责，该部门的主要课题就是导弹和航天综合系统。

不过想法归想法，在实践中，想要把导弹部署到铁路上是困难重重的。因此自50年代开始，美苏两国对于这种部署方式的看法就大相径庭。

把弹道导弹部署到陆基机动综合系统上，是一件异常复杂和耗时的事。隶属于苏联通用机械制造部的"南方"设计局为此进行了多年艰苦卓绝的研究。1958年至1962年，"南方"设计局进行了铁路机动综合系统的方案研究，打算将单级的8K63液体推进剂中程导弹（P-12导弹综合系统）部署到铁路车厢里。8K63导弹本身由"南方"设计局研制，原本采用地面固定方式发射，射程为1 800—2 000千米。按照方案，它们将被部署在一列由20节车厢组成的专门列车上，其中6节车厢将用于装载导弹。然而8K63导弹的发射准备过程十分烦琐且耗时，需要动用大量设备，在临近发射时要加注推进剂组分，并不符合对于机动性和快速反应的要求。直到在60年代和70年代交替之际，情况才随着固体推进剂导弹系统的研究成功发生改变，固体推进剂导弹不需要在发射前进行加注，连控制系统也截然不同。

美国则开发出了"民兵"系列洲际弹道导弹，且采用全自动惯性制导系统，其中"民兵-3"是美国第一种分导弹头固体推进剂洲际弹道导弹。一开始，美国人也计划把一部分"民兵"导弹（50到150枚）部署到铁路平台上。1960年，经过专门改装的试验型列车（部署基地为犹他州希尔基地）开始在美国西部和中部定期巡航。根据空军的试验结果，美国曾宣布成功完成了"民兵"机动式导弹综合系统的试验项目。不过，机动式"民兵"导弹的运气不佳，因为美国空军更愿意把精力投到发射井改造上。1961年12月，机动式"民兵"导弹项目被叫停。

三、作战铁路导弹综合系统概念的形成

紧张的国际形势使得苏联发展机动式导弹综合系统势在必行。这一至关重要的事项，以多种途径广泛地开展起来。

"南方"设计局在研究搭载8K63导弹的机动式综合系统之后，致力于开发PT-20П机动式导弹综合系统，这一系统利用履带式底盘来实现地面机动发射。PT-20П综合系统配用的导弹既采用了液体推进剂发动机，又采用了固体推进剂发动机。在红场阅兵时，全世界都看到了这些自行装置，并纷纷猜测这是一种什么样的武器。"南方"设计局在PT-20П机动式综合系统配用的导弹上首次应用了独特的"迫击炮发射"原理（借助火药蓄压器将弹体弹射出运输发射容器的冷发射方法），这在后来成为该局产品的一大特点。

同一时期，第1试验设计局（如今的"能源"科研生产联合体）进行了铁路机动发射8K98固体推进剂导弹（8K98导弹是PT-2发射井式综合系统的配用导弹）的可行性研究，特种机器制造设计局研究了为8K98导弹开发铁路发射综合系统的可能性，编制出了铁路机动综合系统设计草案，整个系统包含4节发射车厢外加辅助功能车厢。

之后，"南方"设计局又进一步发展了铁路部署导弹，随着工作进展，对于导弹外形和综合系统面貌的想法也发生了改变。在新的阶段，转为研制纯粹的固体推进剂导弹。1966年11月，"南方"设计局编制出了PT-21通用型固体推进剂导弹综合系统设计草案，配用的15Ж41三级导弹（起飞质量为36吨）不仅可以通过发射井和铁路

РТ-20П 机动式导弹综合系统正驶向红场（1967 年）

机动方式部署，还能够以公路机动方式部署。与刻板印象中苏联设计机构封闭管理、封闭运作、按部就班不同，"南方"设计局和莫斯科热力工程研究所这两大机构，均在不同时段"跨出"过既定的分配工作范围，前者并未局限于铁路机动发射方式，后者并未局限于公路机动发射方式。

随后，该如何利用"统一"型导弹就成为事情发展的主要脉络。不过导弹通用化这种看似合理的想法最终没能在苏联完全实现，人们时常为它做出某些牺牲，放弃最佳的技术方案，但让综合系统的研制工作变得很复杂。

15Ж41 导弹在当时是非常创新的，它的固体推进剂药柱基于"阿尔泰"化学工艺研究所研制的混合燃料开发，与导弹的发动机壳体牢固粘接在一起。导弹的第二级和第三级固体推进剂火箭发动机由彼尔姆的第 172 专门设计局（后来的"火花"科研生产联合体）开发。在导弹研制期间，苏联技术人员对各种类型的推力矢量控制机构进行了分析，这在当时是一个新课题，而液体推进剂导弹并不涉及这种问题。技术人员通过已"累积"的方式方法，例如使用燃气舵、偏摆主发动机燃烧室、采用小型转向发动机等等，解决了几乎所有的问题。导弹的控制系统则基于弹载计算机和陀螺稳定平台来研制。

列宁格勒第 34 中央机械制造设计局（特种机器制造设计局）参与了 15Ж41 导弹发射装置的研制工作。第 34 中央设计局借助第 4 设计局的成果，开发出了 СМ-СП25 铁路发射装置和其他几种发射井装置。

当"南方"设计局推进着 РТ-21 导弹综合系统项目之时，莫斯科热力工程研究所也在推动着"节律-2С"公路机动综合系统项目。苏联军事工业委员会在审查了"南方"设计局和莫斯科热力工程研究所两边的设计草案后，于 1967 年 5 月 17 日做出决议，要求两个机构的技术人员继续进行 РТ-21 导弹综合系统和"节律-2С"导弹综合系统的课题工作，但仅限于研究公路和铁路机动综合系统。1967 年 12 月，苏联技术人员根据上述决议并按照评审委员会的建议和苏联国防部对于战术技术的新要求，编制了新一版的设计草案，其中只包含了两种机动式综合系统，即利用轮式自行发射装置的"节律-2С"导弹综合系统和利用铁路发射装置的 РТ-21 导弹综合系统。

在设计草案中，15Ж41 导弹具有洲际射程，它储存在发射容器中，采用"迫击炮原理"发射出去，这种发射方式和此前 РТ-20П 综合系统配用的导弹一样，并在之后应用到了"南方"设计局的 МР УР-100 和 Р-36М 液体推进剂洲际弹道导弹上面。15Ж41 导弹重 42 吨，连同运输发射容器长 17 米，导弹的三级全部使用混合燃料固体推进剂发动机。它的数据几乎是铁路部署导弹的最佳参数，即使放在今天看也是如此。

РТ-21 铁路导弹综合系统由 15 节车厢组成，其中 6 节为发射车厢（每个发射车厢装载一枚 15Ж41 导弹），4 节为专用车厢，5 节为一般用途车厢。在发射车厢中布置着导弹发射装置，它包括用于打开车厢顶盖、竖起导弹容器和释放千斤顶的液压驱动器、温度控制设备、控制系统、供电系统和瞄准系统。发射车厢以 6 轴车厢为基础。发射装置连同导弹在内重约 125 吨。

PT-21 铁路导弹综合系统从原理上展现了研制铁路机动洲际导弹综合系统的前景，并且是"南方"设计局后续所有铁路机动导弹综合系统的原型。

然而 PT-21 铁路导弹综合系统的工作仅停留在设计草案阶段，未能达到实体化阶段。一方面，它包含了太多的新功能和新事物，而这些新功能、新问题尚待苏联技术人员完善和解决：在很多情况下，需要新的元件基础和新型材料。另一方面，国家订货方（战略火箭军）的需求不断增长，让项目实施起来具有了难度。不过主要的工作已经完成，PT-21 铁路导弹综合系统表明，搭载洲际导弹的铁路机动综合系统是能够被创造出来的。

1968 年 12 月 27 日，苏联军事工业委员会作出决议，由"南方"设计局编制 PT-22 导弹综合系统的初步方案。在这项工作中，"南方"设计局需要根据当时现役 PT-2 导弹综合系统和 УР-100 导弹综合系统的发射井尺寸和发射装置大小，来确定新导弹的起飞质量，同时还要评估研制铁路机动综合系统的可行性。换言之，苏联方面又回到了"通用化"的思路上。按照上述提法，PT-22 综合系统配用的 15Ж43 固体推进剂导弹在具有洲际射程时，起飞质量已达到 70 吨。苏联国防部第 4 科学研究所、战略火箭军科学技术委员会、通用机械制造部科学技术委员会和中央机器制造科学研究所，在评审期间对"南方"设计局拟定的详细材料做出了高度评价。

"南方"设计局为 15Ж43 导弹的第一级开发了 15Д122 大尺寸固体推进剂主发动机，发动机单体药柱质量超过 40 吨，这在苏联导弹研发历史上还是首次。在该发动机的结构中，应用了一系列经过试验优化的先进技术措施。由"南方"设计局第 5 设计局（由 B. И.库库什金［В. И. Кукушкин］领导）开发的 15Д122 发动机是一个里程碑，体现了苏联方面已具备成熟的技术，为下一阶段铁路洲际导弹综合系统的研制创造了条件。

PT-22 导弹综合系统的工作成果被呈报给了苏联国家领导人，并得到了认可。鉴于此，苏联军事工业委员会于 1969 年 12 月 31 日做出了研制 PT-22 铁路导弹综合系统，以检验这类系统运行和作战效能的决议。随后"南方"设计局根据苏联通用机械制造部 1970 年 1 月 13 日的命令，得以首次进行作战铁路导弹综合系统的全面开发工作，其中导弹的质量定为 80 吨左右。

在总设计师 M. K.扬格利和 B. Ф.乌特金领导下，"南方"设计局开始在 15Ж41 和 15Ж43 固体推进剂导弹的研究成果上设计新的综合系统。鉴于工作任务的重要性，"南方"设计局专门成立了导弹综合系统设计处。

特种机器制造设计局在这一阶段评估了导弹发射时负荷对铁路路基的影响，试验了接触导线（接触网）移除系统，并联合自动化技术和仪表制造科学研究所，对陀螺罗盘在火车通过从而引发振荡条件下的工作性能进行了分析。

在最初的计划中，作战铁路导弹综合系统应有 6 节发射车厢（CM-CП-35 发射装置）、4 节专用车厢和 5 节一般功能车厢。为了保证列车的机动性，打算使用 2ТЭ10Л 量产型内燃机车。

第 4 科学研究所作为苏联国防部的龙头研究机构，中央机器制造科学研究所作为通用机械制造部的龙头研究机构，两者都是苏联导弹制造领域的权威科研中心。这两家机构再次对编制出的综合系统方案做出了积极评价，战略火箭军科学技术委员会和通用机械制造部科学技术委员会第 1 分会亦是如此。不过作战铁路导弹综合系统的开发工作还是未能迈入下一阶段。综合系统的高成本、研制期限以及导弹的效能，最终未能让国家订货方满意。1973年，项目被终止，但经过这次项目工作上的实践，苏联技术人员已经明白，通过新型推进剂的应用，能够大大提升导弹的动力性能。

当然，当时的苏联也并非所有人都赞成作战铁路导弹综合系统这一概念。反对的理由包括会面临针对性侦察手段，列车在破坏行动面前十分脆弱，以及铁路机动的组织工作难度很大，等等。对于这些问题，苏联技术人员在后来的项目工作中都给予了有力的回答，制定了应对措施。

第三章　固体还是液体？
——导弹的发动机

苏联的第一代洲际弹道导弹采用液体推进剂和固定方式发射。液体推进剂在动力指标方面大大优于固体推进剂，这在当时来说十分重要，使苏联第一代重型核弹具备了足够的射程。

这一方式在后来产生了积极的影响。苏联以液体推进剂洲际弹道导弹为基础，开发出了高效的运载火箭，其中许多以改进型的面貌至今运行。总体来说，苏联在1961—1980年间为液体推进剂发动机的制造、液体燃料导弹-火箭的结构和工艺发展作出了突出贡献。苏联开发出的液体推进剂火箭发动机到目前为止仍然是世界上最好的，采用这些液体推进剂发动机的新型战略洲际弹道导弹在三十年来一直处于加注状态并时刻准备发射，具有高度的可靠性。

苏联利用液体推进剂成功解决了研制和生产高性能洲际弹道导弹的问题，这在美苏导弹竞赛的背景下意义重大。不过苏联对于重型固体推进剂导弹的发展关注较少，除上述原因导致的路径依赖外，也是由于苏联在固体推进剂和非金属材料领域相对美国落后。

尽管如此，早在1958年，"南方"设计局就开始了在弹道导弹上使用固体推进剂发动机的设计研究。从那时起，固体推进剂导弹的研究工作就一直持续开展，并吸引涉及这一领域的所有机构和企业参与，尤其是固体推进剂和药柱的开发机构，如第9科学研究所（"阿尔泰"科研生产联合体）和第125科学研究所（柳别尔齐"联盟"科研生产联合体）。

当机动式导弹综合系统的开发被提上日程时，苏联对于固体推进剂导弹的看法发生了大转变。那个时候很难想象，装有液体推进剂的导弹能够长时间运输和准备发射。尽管上述论点后来被液体推进剂潜射弹道导弹的长期成功运行和 PT-23 导弹装有液体推进剂的第四级成功应用所驳斥，但这样的结果是苏联技术人员通过多年的辛勤工作和创新（如开发出非低温液体推进剂长期密封储存工艺、在工厂就为导弹加注液体推进剂等等）才取得的。当时占主导地位的观点是，固体推进剂导弹需要应用到机动式综合系统上。在这方面固体推进剂导弹具有显著的优势，如能够确保高度的战备，不需要像液体推进剂导弹那样进行发射前加注，能够削减地面设施数量，能降低维护检查频次，等等。而美国人始终无法解决液体推进剂导弹在长期战备值班期间的密封性问题，这也是他们改用固体推进剂洲际导弹的原因之一。不过后来的事实证明，在液体推进剂导弹上也可以解决其中很多问题。

一开始，苏联方面试图开发出几款将液体推进剂和固体推进剂结合在一起并采用插入式药柱（固体药柱不与导弹发动机壳体粘接在一起）的导弹，然而并不太成功。向固体推进剂洲际弹道导弹、公路机动综合系统和铁路机动综合系统的转变是决定性的，但过程充满着艰辛。苏联数十家企业和它们的技术人员付出了大量心血来研究新型固体推进剂组分，掌握非金属结构材料制造工艺，开发新结构、新技术或是进行复杂的优化工作，还设法提高了技术的先进性，在重新配置现有生产设施的同时，建立了新的生产设施。包括"南方"设计局在内的苏联各机构，在对固体推进剂主发动机和各类导弹布局进行了大量综合分析后，才探寻出有效的发动机结构以及固体推进剂药柱的样式和构成方式。

为了推动固体推进剂课题相关工作，"南方"设计局在第聂伯罗彼得罗夫斯克和巴甫洛格勒设立了专门的部门。1964 年，Г. Д. 霍罗利斯基（Г. Д. Хорольский）被任命为"南方"设计局内第 5 设计局（负责发动机结构的主要设计局）主任，他后来成为全面负责 PT-23

导弹综合系统各项工作的主要设计师。

此外，专业的固体推进剂生产企业的参与也必不可少，在开发出药柱和壳体防热层，并实现它们的兼容协调后，还要组织起固体推进剂药柱组分的工业生产，寻找到可以生产出药柱的地方。巴甫洛格勒机械厂距离在项目中起主导作用的"南方"设计局和"南方"机械制造厂不远，在那里建立起了制造和试验发动机的设施。在以前用作火炮靶场的空地上，修建起了固体推进剂发动机车间和用于发动机点火试验的试验台。后来，巴甫洛格勒机械厂不仅负责了发动机的制造，还负责了PT-23综合系统配用导弹的组装，整套作战铁路导弹综合系统的配套、检验和交付工作，成了一家十分重要的工厂。

PT-22综合系统项目是苏联固体推进剂发动机研发上的一个重要转折点，其间开发出了15Д122大尺寸固体推进剂发动机。为了优化该发动机性能，进行了16次试验台点火试验。而苏联方面的下一关键步骤，是开发出了具有单一中央喷管的大尺寸3Д65／15Д206／15Д305系列发动机。在这项艰巨的任务中，苏联技术人员研制出了推力矢量控制系统，通过采用"蚕茧"一体式整体缠绕壳体和单体式单喷管结构，减少了主发动机的被动质量，大幅提高了燃烧室的容积填充系数，更好地实现了推进剂的动力性能。

在这一阶段，"通用化"的想法又再次出现。苏联方面提出了PT-23综合系统配用导弹和Д19综合系统配用潜射导弹在第一级发动机结构上应具有共性的要求。鉴于此，"南方"设计局和В. П.马克耶夫领导的"机械制造"设计局进行了长期合作，以确定能为双方都接受的发动机性能。1973年5月，通过相互协调，"南方"设计局和"机械制造"设计局在一些重要的发动机参数上达成了一致，继而确定了两型导弹第一级发动机的参数。

1973年9月16日，苏联政府正式做出第692-222号决议，要求为重型水下导弹巡洋舰研制配套的新型Д-19"台风"导弹综合系统。

Д-19 导弹综合系统配备有 20 枚 3М65 固体推进剂导弹，每枚导弹的弹头携带 10 枚独立分导战斗部。3М65 导弹的主要开发机构是"机械制造"设计局，而导弹第一级 3Д65 发动机的开发工作就分配给了"南方"设计局，做出这一选择的理由是"南方"设计局已在固体推进剂发动机方面具有大量经验，并且"南方"机械制造厂和巴甫洛格勒机械厂已经成为强有力的生产基地。

3Д65 发动机是当时苏联最大的固体推进剂发动机，直径为 2.4 米，药柱质量达到 48 吨。不过完全的"通用化"其实并未实现，3Д65 发动机的绝大部分结构方案被借用去研制了 15Ж44、15Ж52 导弹（РТ-23 综合系统配用导弹）的第一级 15Д206 发动机。

3Д65 发动机利用了当时苏联最先进的技术方案，最主要是解决了固体推进剂火箭发动机壳体的问题。此前，苏联的固体推进剂主火

3М65 潜射导弹的第一级 3Д65 固体推进剂发动机

箭发动机壳体采用塑料圆柱管形式，带有笨重的金属底部和对接接头，无法充分发挥高强度复合材料的优势。新型发动机的壳体基于双层"蚕茧"和"可洗去"的砂质聚合物心轴新工艺开发。发动机壳体的承力外壳由合成高分子聚合材料（高强度有机纤维）制成，底部使用了钛合金嵌入元件。3Д65发动机壳体的开发工作由苏联国防工业部的设计工艺局负责，批量生产工作则交给了萨福诺沃市的"塑料"工厂执行。

美国的固体推进剂洲际弹道导弹利用可摆动的喷管组件进行飞行控制，其中最关键的元件是大尺寸橡胶金属铰链，整个喷管组件都依靠它实现偏转。而在苏联这一边，当时的"南方"设计局还没有掌握转动喷管组件及其配套铰链的实用结构，采用这种方式具有很高的风险，也无法预计需要多久才能够实现。然而时间急迫，国际形势要求苏联尽快研制出新型陆基和海基固体推进剂洲际弹道导弹。"南方"设计局在设计初期考虑过各种各样在第一级发动机工作段控制导弹的方法，但所有的方法都有各自的问题。经过综合研究，"南方"设计局最终选择了向第一级发动机喷管超临界部分注入"热气"的新颖方案，设计出的第一级发动机固定喷管配有8个在稳定平面上成对布置的气体注入活门，通过所有控制通道来保证操纵性。这被认为是一种更简便、能更快取得所需结果的办法。作用迅速的注入系统，在理论上还可以确保导弹的高动态操纵性，使导弹能够克服核爆毁伤因素的影响。

"南方"设计局在注入系统中采用了动力效率最高的方式，由专门活门注入喷管超临界部分的气体直接从主发动机燃烧室抽取。但它的实现过程却非一帆风顺。活门结构上，特别是可动节气门上的热负荷过高，导致钨合金制成的活门元件长时间无法达到需要的耐用性。在地面试验台试验和飞行试验期间多次出现损毁，在各个层面都激起了极为紧张的反应。

3Д65 发动机的混合固体推进剂药柱由"阿尔泰"科研生产联合体研发，它内有星形内孔，在发动机即将停止工作时能够实现推力程序化下降，并由此成功解决了导弹在各级即将分离时的操纵问题。

由于 3Д65 发动机会用在潜射弹道导弹上，它的结构方案十分有针对性。例如，完全密封以防止海水进入；在导弹发射前会以空气对发动机内腔增压，从而抵偿导弹发射时作用在发动机壳体外表面的外部水动力负荷；在发动机壳体的"内蚕茧"和"外蚕茧"之间缠绕的是带状电缆网；等等。

为了优化 3M65 导弹的主要技术方案，苏联方面研制了一种按比例缩小的模拟发动机，即 3Д65Б 发动机。这种发动机在工作的前 8 秒能够模拟出标准发动机的所有消耗推力特性，8 秒钟的时间涵盖了导弹从潜艇发射井发射，以及与这一运动过渡段相关的全部工序。3Д65Б 发动机的试验台优化工作于 1975 年开始。1977 年 10 月，在巴拉克拉瓦的海军靶场，该发动机被装上了导弹样弹，在尽可能接近标准产品的条件下，从试验艇上进行了水面和水下"投掷"试验。在整个试验阶段，没有出现针对发动机的负面意见。

1980 年 1 月 28 日，3M65 导弹的飞行试验以在北德文斯克的海军靶场进行地面试验台试射作为开端。苏联方面为飞行试验总共准备了 35 枚导弹，其中 20 枚用于从地面试验台试射，15 枚用于从潜艇上试射。飞行试验最初充满了戏剧性，前五次试射接连失败，且失败原因各不相同，如烟火技术员"弄错"了电路、弹载电缆网故障、导弹第二级弹载电源结构有缺陷、3Д65 发动机注入活门座破损等等。在后续的飞行试验过程中，还继续进行了 3Д65 发动机的试验台优化工作。

3Д65 发动机的试验台试验在巴甫洛格勒机械厂内进行的，那里的专门试验台是一个置于深处的巨大混凝土掩体，形似机窝。每次试验都需要准备很长时间，然后安排在外国侦察航天器飞过后的"窗口期"进行。试验台会从上面打开，放置在内的发动机会从喷管发出耀眼的火光。"南方"设计局和巴甫洛格勒机械厂的领导层也曾安排在室外的安全距离上进行发动机测试，而非按惯例那样在混凝土掩体中做试验。测试期间，发动机不止一次发生爆炸，留下一片狼藉的景象。每次失利后，苏联技术人员都会对结果进行分析，并继续优化活门结构，完善注入系统。

由于在注入系统优化上遇到障碍，3Д65 通用发动机与 3М65 潜射导弹的研制和交付出现了延误，让气氛变得前所未有地紧张。导弹的研制进度甚至落在了巨型潜艇及其"台风"系统的建造进度后面。苏联通用机械制造部的委员会多次审查现状，每一次事故都被认为是一场灾难，项目的进展情况不断受到国家领导层过问。参与发动机研制和优化工作的专家被多次训斥，有的甚至被解除了职务。时任苏联通用机械制造部部长的 С. А. 阿法纳西耶夫也罕见地对发动机开发人员和主要专家讲："潜艇在那儿漂着，但没有发动机和导弹。他们可以就这样让它靠岸！"阿法纳西耶夫本人承受着来自国家领导高层更为严厉的斥责。

为了彻底解决注入系统活门的问题，"南方"设计局与苏联在这一领域的主导研究机构，如热工过程科学研究所（苏联主要的火箭发动机热工研究所，1995 年起改组为俄罗斯联邦国家单一制企业"克尔德什"中心）、中央材料学科学研究所、中央机械制造工艺科学研究所开展了密切协作。在这些机构专家的参与下，"南方"设计局不断地改进活门组结构，提高活门组的工作可靠性。通过优化温度场计算方法，对各种结构方案进行试验检验，评估材料结构非均匀性（多相性）对于零件耐用性的影响后，选择了更加可靠的新方案，引入稳定原材料参数的措施，完善零件制造和检查工艺，最终解决了活门组的问题，保证了 3Д65 和 15Д206 发动机的耐用性。

15Ж44、15Ж52 和 15Ж61 导弹第一级使用的 15Д206 固体
推进剂发动机，在喷管处可以看到气体注入系统的活门

  Д-19 综合系统和 3М65 导弹的飞行试验一直持续到 1982 年，总共进行了 33 次试射，其中 8 次失败，而试验艇上的发射全部取得了成功。1982 年 12 月 12 日，试验以"四重奏"收尾：四枚导弹同时升空，其中两枚飞向了"水域"靶区，两枚飞向了库拉靶场……对于苏联技术人员来说，这是一场等待已久的胜利。1983 年，3М65 导弹正式列装苏联海军。

  带气体注入系统的导弹第一级发动机的技术方案基本上是以 3Д65 发动机为蓝本制定的，因此在结构相似的 15Д206 发动机上也成功应用了同样的成熟方案。

  在开发出带有气体注入系统的发动机后不久，"南方"设计局就研究出了摆动控制喷管结构。事实证明，起初对于这种结构复杂程度的担心有些多余。摆动控制喷管被应用在 15Ж60 导弹（РТ-

带有摆动控制喷管的 15Д305 发动机，在其喷管
组件处可以看到摆动驱动装置

23УТТХ 综合系统的配用导弹）第一级的 15Д305 发动机上，"南方"设计局第 5 设计局和巴甫洛格勒机械厂在这项工作中作出了巨大贡献。

在"南方机械制造厂"生产联合体，副总工程师 В. А. 安德烈耶夫（В. А. Андреев）负责着生产制造方面的工作，在他的主导下，工厂制造出了导弹项目需要的各类设备和装备，其中包括用于形成固体推进剂药柱内孔的大尺寸复杂"针体"。

15Ж44、15Ж52 导弹的第二级 15Д207 发动机和第三级 15Д208 发动机没有推力矢量控制系统，这大大减小了优化工作难度。这两型发动机上安装的是单体可延伸喷管组件，它们将潜入式喷管和延伸式喷管相结合，在折叠状态下，喷管组件的可延伸出口锥被布置在发动

第三章 固体还是液体？ 43

带有可延伸出口锥的 **15Д208** 第三级发动机

机的后方底部，而在发动机运行时会展开，与喷管组件的固定部分组成统一的气体动力学通道。苏联技术人员通过上述方法提高了发动机喷管膨胀度和相应比冲，也满足了对于发动机尺寸的限制要求，实现了最小的发动机结构重量、最少的动力损失，又保证了控制效率。

15Д207发动机由"南方"设计局开发，在巴甫洛格勒机械厂制造，发动机使用的ОПАЛ固体推进剂药柱由隶属于苏联机械制造部的柳别尔齐"联盟"科研生产联合体研制，推进剂药柱内孔呈圆柱-锥形，像收起的伞，这种方式保证了发动机燃烧室的高填充系数。相较于当时意外频出的第一级发动机优化工作，15Д207发动机的优化工作完成得十分顺利（自1979年第四季度开始，到1982年年末发动机已经能够用于飞行试验）。在15Д207发动机上首次应用了УПА-3碳-碳复合材料喉衬，取代了以往的钨材料喉衬。

导弹第三级的15Д208发动机由"火花"科研生产联合体开发，其使用的高能推进剂药柱也由柳别尔齐"联盟"科研生产联合体研制。"火花"科研生产联合体近乎所有的产品，包括15Д208发动机在内，都非常成功地完成了优化工作，在期限内投入了使用。

在开发导弹第四级（战斗级）发动机装置时，选型问题引发了激烈的争论。从一般逻辑上讲，如果导弹的各级主发动机是固体推进剂类型的，那么战斗级发动机装置也应该这样。很多苏联技术人员和专家持有这种观点。而作为作战铁路导弹综合系统的一部分，装有易自燃液体推进剂战斗级的导弹要长期运行值班，国家订货方对于导弹综合系统长时间运输期间是否安全的担忧也不是没有根据。另外，要为战斗级加注液体推进剂的话，还需要专门研制一套工艺设备……

不过，15Ж44和15Ж52三级导弹需要额外的动力（导弹本身的动力不足以完全满足需要），它们的分导战斗级不仅要用战斗部和突防装置去形成"战斗队形",还必须依靠自身动力去达到指定的最大射程。此事事关重大,到底该做出怎样的战斗级发动机装置选型决定?这个问题在"南方"设计局内,在苏联通用机械制造部和战略火箭军导弹装备总局,在中央机器制造科学研究所和国防部第 4 中央科学研究所内,引起了广泛讨论。

在讨论和比较了所有方案后,苏联技术人员和专家的目光最终还是停留在了液体发动机装置上。液体发动机装置的可靠性和安全性,在后来的试验列车测试和导弹综合系统正式运行期间得到了充分证实。不过当时选择液体发动机装置是一项十分大胆的决定,因为全无后路,需要对自身能力有足够的把握。新奇新颖的方案和巨大的责任是相对应的,并且绝不是理论上说说而已。"南方"设计局的总设计师 В. Ф. 乌特金和主要人员必须基于综合分析的结果和自身经验做出负责任的决定,而后才能在实践中证明其正确性。

15Д264 战斗级液体推进剂发动机装置由"南方"设计局第 4 设计局(由 А. В. 克里莫夫[А. В. Климов]领导)开发,具有独特的性能和很高的真空比冲。除了对导弹动力作出重大贡献外,它还实现了装置上所有发动机的多次开关机和调整功能,这对于保持有效载荷元件的特定分导精度必不可少。发动机装置的集中电源为弹头舱室偏摆(大推力发动机燃烧室偏摆)提供液压驱动,同时还保证 16 台小推力发动机和万向节上的 1 台大推力发动机运作。液体推进剂由两台涡轮泵和两个供给装置输送。消耗设备的流量值和压力值各不相同。

小推力发动机的应用问题被单独提了出来。尽管小推力发动机的优化工作对于"南方"设计局的专家来说不是难事,但它们的试验工作需要耗费大量时间。而当时由机械制造科学研究所(位于下萨尔达,和中央机器制造科学研究所是两个机构)造出的航天器用小推力脉冲发动机十分适合于导弹,不过该企业被认为严重超负荷(在当时

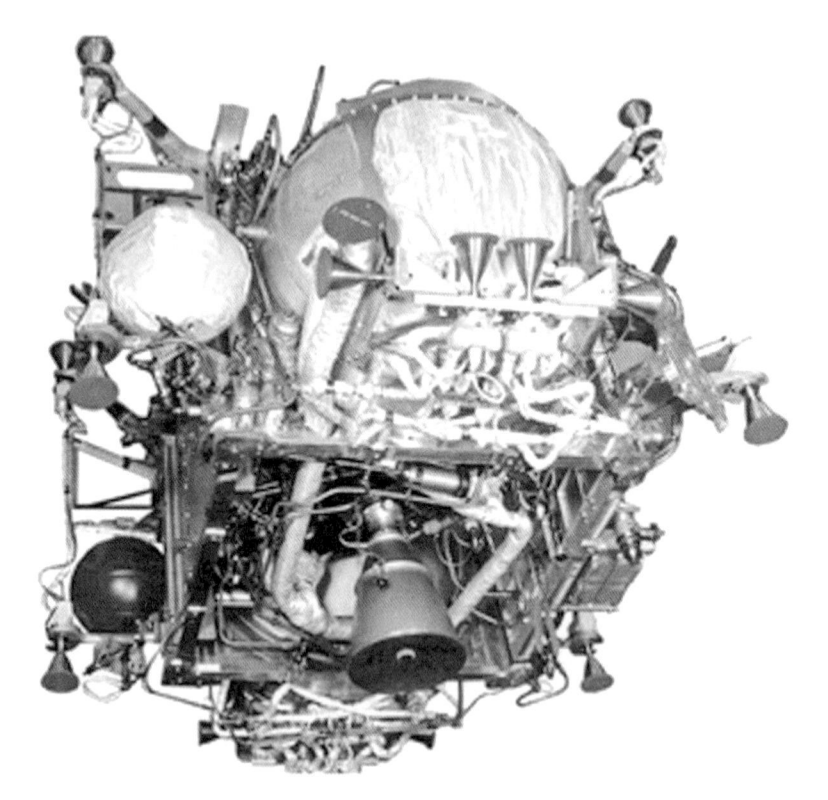

15Д264 分导战斗级液体推进剂发动机装置

的环境下是常态），负责航天项目的苏联通用机械制造部第 1 总局坚决反对让它参与导弹项目。鉴于此，"南方"设计局和机械制造科学研究所不得不先在企业一级达成协议，然后才去同总局进行巧妙的"外交官式"谈判。最终，三方克服困难达成了一致。小推力发动机的品质相当优良且没有发生过故障，多年以后，这些发动机作为 PT-23УТТХ 导弹综合系统被拆解后的遗产，一度计划用作太空牵引飞船的发动机装置（俄罗斯-乌克兰的"第聂伯河"航天项目曾有这样的打算）。

表1 15Д264分导战斗级液体推进剂发动机装置性能数据一览表

名　　称	РД866（15Д264）
应用位置	15Ж44、15Ж52、15Ж60和15Ж61导弹分导级
开发年份	1979—1983
推进剂组分 —氧化剂	四氧化二氮
—燃料	偏二甲肼
大推力发动机真空推力（千克力）	−94.4至+513.5
大推力发动机真空推力比冲（千克力·秒/千克）	323.1
发动机质量（千克）	125.4
大推力发动机燃烧室绝对气压（千克力/平方厘米）	441.5
大推力发动机燃烧室偏摆角度	±28.5
发动机最大工作时间（秒）	1 700
发动机最大启动次数 —大推力发动机	14
—小推力发动机	10 000
保存期限（年）	11

第四章 蚕茧式外壳
——导弹与复合材料

20 世纪 50 年代中期,美国开始了固体推进剂洲际弹道导弹的研发工作。在苏联抢先发射世界上第一颗人造地球卫星后,这些项目的进度明显加快。1958 年 9 月,美国国会参议院宣布民兵洲际弹道导弹开发计划是国家的首要任务。数年后的 1962 年 12 月,首批 20 枚 LGM-30A "民兵-1" 导弹开始进入战备值班。与此同时,美国海军也开始研发北极星潜射导弹。

大致在同一时期,苏联也开始了固体推进剂火箭发动机导弹的研发工作。这些工作的依据是苏共中央委员会和苏联部长会议在 1958 年至 1959 年关于发展潜射导弹(Д-6 综合系统)、"节律"导弹系统(9M71 导弹)、PT-1 导弹系统(8K95 导弹)的一系列决议。为了研发玻璃纤维增强塑料发动机壳体,位于霍季科沃的"电气绝缘纸"工厂被吸纳到项目工作中。1960 年 6 月 13 日,在工厂框架下成立了由 23 名人员组成的专门设计部(即中央专用机械制造科学研究所的前身)。

苏联复合材料的研制工作并没有立即带来实际效果,原因是苏联工业在高分子材料和专用化学领域落后于美国。然而,这些材料的研发者和制造者在工作中积累了经验,并打下了主要的科学技术基础。

苏联领导层也意识到,若不赶快发展化学工业,那么就无法应对未来的挑战。1958 年 5 月,苏联政府通过了《关于加快发展化学工业,特别是合成材料的生产的决议》,该决议的实施大大促进了苏联化学工业部门发展,使化学工业的数量指标和质量指标出现了大幅增长，但要实现复合材料实用目标还需多年时间。

当时苏联唯一的实用缠绕工艺是用于电气工业部门的玻璃纤维增强塑料圆筒缠绕工艺，玻璃织物宽度约为 1 米，强度为 15—20 千克/平方毫米。通过计算表明，在强度低于 40 千克/平方毫米的情况下，玻璃纤维增强塑料材料面对传统材料并不具备什么优势。

一个技术性问题是缠绕强度均衡的圆柱形管子时，管长是大于玻璃织物布幅的。为解决这一问题，苏联方面编制了新的技术任务书，旨在研发新的玻璃织物，为其采用强度更高的纤维和另一种经线、纬线比例（ТУПР，ТС8/3-250 标准）。

为了获得均衡的管道强度，专门设计部的工作者提出了一种接头混合法（加速法），即缠绕心轴做往复运动，这种方法直到今天仍被广泛应用于类似部件的缠绕制造。当时苏联方面还颁布了 СИТ 1500×4000 机床的设计文件。

苏联工人正在缠绕玻璃纤维增强塑料管子——
固体火箭发动机壳体（即图上的俄文）

然而，由于玻璃织物本身的结构特性，上述方法无法大幅提高材料强度（达到 60—80 千克/平方毫米）。因此专门设计部与第 125 科学研究所合作，在后者制造的机床上摸索出纵向-横向绕线法（ППН法），同时进行单向玻璃纤维带的纵向和横向铺设，比例为 1∶2，这是内压下工作的壳体的最佳加固方法。

1962 年，苏联政府通过了研发"节律-C"陆基机动作战战术综合系统的决议，其中做出了研制玻璃纤维增强塑料发动机外壳、为仪器装置研制玻璃纤维增强塑料加温元件和仪表板的决定。

当时已经列装的"厄尔布鲁士"战役战术导弹系统，采用的是液体推进剂导弹。尽管这种导弹结构简单，却有着液体推进剂导弹所有不可排除的典型缺点，并且它没有达到理想的射程。出于这些原因，"厄尔布鲁士"战役战术导弹系统成为苏联陆军首种也是唯一采用液体推进剂的地地导弹综合系统。

在这一时期，专门设计部在全俄航空材料研究院的技术指导下，研发了非金属玻璃纤维增强塑料加热器（НЭСТ）并投入生产。这种加热器用于导弹的温度控制系统，与传统的金属加热器相比具有显著的优势，例如能在整个加热器表面形成均衡的温度场，具备防火安全性，有着超过 60 000 小时的超长使用寿命。

然而随着非金属材料研制工作的进展，让专门设计部隶属于"电气绝缘纸"工厂的方式逐渐显得不合时宜。"电气绝缘纸"工厂的生产流程组织方式和质量控制体系本身并不适应导弹技术装备生产的要求，另外，在电气工程产品生产方面有着良好声誉的工厂管理层对导弹方面的工作并不十分热心。

因此，苏联方面决定让专门设计部从"电气绝缘纸"工厂中独立出来，改组为独立专业工艺设计局，并于 1963 年 5 月 6 日下达了改组命令书。1983 年 1 月，独立专业工艺设计局又根据需要改组为中央专用机械制造科学研究所。

1963 年上半年，苏联方面测试了首批装有混合固体推进剂药柱的发动机（壳体为直径 950 毫米的玻璃纤维增强塑料管），1963 年 3 月，在卡普斯京-亚尔试验场首次发射了"节律-C"综合系统的导弹。"节律-C"导弹综合系统于 1965 年 12 月 29 日列装，在服役期间，总共生产装备了约 1 200 枚配套的 9M76 导弹。9M76 导弹的显著特点是第一级和第二级实现了通用化（统一化），使用混合固体推进剂（ПЭУ 7ФГ）。导弹的自动控制系统带有弹载数字计算装置，这在苏联导弹技术领域开创了先河。在 427 次发射中（包括销毁期间的发射），仅出现了 3 次意外。

然而产品的质量稳定性问题并没有一下子就得到解决，存在着既要保证壳体末端强度，又要保证壳体外皮强度的难题。第 1 科学研究所的设计人员后来用销钉连接取代了底部的螺纹固定，解决了壳体末端的问题。为了提高外皮强度，独立专业工艺设计局使用了基于含钛玻璃的新型玻璃织物，同时将缠绕方式从三辊式改为单辊式。这些办法大幅改善了外壳的强度性能，消除了产品接头和内层的"损耗"可能性，减少了玻璃纤维增强塑料受到的创伤。

独立专业工艺设计局成立后的首个独立开发工作，是为 Д-8 综合系统及其 УР-100М 导弹设计玻璃纤维增强塑料运输发射容器。这种容器长 20 米，直径 2.7 米。1964 年年底，容器的首批大尺寸分段件被制造了出来并进行了测试。然而，УР-100М 导弹项目却下马了，尽管赫鲁晓夫支持导弹通用化的提议，苏联海军领导层却认为这不适宜。

不过苏联方面在同一时期加快了 РТ-2 井基综合系统（8К98 洲际弹道导弹）和基于 Т-10 坦克底盘的 РТ-15 综合系统（8К96 中程弹道导弹）的研发工作。第 34 中央机械制造设计局（特种机器制造设计局）决定，以玻璃纤维增强塑料研制新型战略导弹综合系统的运输发射容器。这一关键决定确定了独立专业工艺设计局在未来数十年的主要工作方向。

同金属运输发射容器相比，复合材料运输发射容器具有以下主要优点：

1. 重量要少一半。这是复合材料运输发射容器应用于机动式导弹综合系统上的决定性因素。同时对于井基导弹综合系统而言，当容器直径大于 2 米，长度大于 20 米时，减重对其悬挂和减震系统也有着极大意义，能够使产品更加容易被运送到操作和安装现场。

2. 在新材料基础上，能够利用发射容器的各向异性优化结构，在减重的同时，获得高刚度和高强度。

3. 不会锈蚀，在整个服役周期内不需要维护，使用寿命超过 20 年。

4. 低导热性大大增加了容器壁的热阻，从而降低了温度控制系统的能源消耗。

5. 可塑性高，聚合复合材料容器的生产周期仅为金属容器生产周期的三分之一，所需的工艺设备和工具仅为原来的四分之一。聚合复合材料的利用率为 0.7—0.75，而传统金属结构的材料利用率仅为 0.3—0.4。

复合材料上述优点不仅使容器的技术性能得到了提高，也大大减少了容器的制造时间，还降低导弹系统的制造成本和运行成本。

1964 年年中，第 34 中央机械制造设计局（特种机器制造设计局）开始出具容器图纸。采用三层结构的容器达到了最理想的效果，既实现了质量最小化，又满足了指定的技术性要求。这种结构后来成为同类型产品的基本结构。

1966 年 10 月，8K96 导弹作为机动导弹综合系统的组成部分开始飞行试验，之后被建议列装到导弹团中。

8K98 井基综合系统的发射容器直径 2.2 米，采用单层玻璃纤维增强塑料制成，由四段组成，通过销—螺栓接头连接。筒长 23 米。在连接各段、各口的区域和设置悬挂接头的区域，有厚度达到 100 毫米的承力带。缠绕心轴的质量为 24 吨。

1966 年 2 月 26 日，苏联首枚使用固体混合推进剂的井基洲际弹道导弹发射成功。1968 年 10 月，试验计划圆满完成，PT-2（8K98）综合系统正式列装，苏联战略火箭军由此获得了可靠的固体推进剂导弹。后来在该导弹基础上还研制了动力性能更强、配备突防手段的 PT-2Π 导弹。

1966 年 7 月，根据军事工业委员会的决定，独立专业工艺设计局参与了科洛姆纳机器制造局当时正在进行的"地精"（Гном）洲际弹道导弹发动机装置研发项目。"地精"导弹是唯一安装有固体推进剂冲压空气喷气发动机的洲际弹道导弹，发动机外壳最大直径为 2.6 米，长度为 7 米。由于"地精"导弹非同寻常的工作特点，其发动机壳体是一种极其复杂的产品，使用了玻璃强化材料和不同种类的粘结剂、玻璃织物蜂窝填料，造成了工艺上的巨大困难。尽管后来制造出了一个发动机壳体的试验样件，但"地精"导弹项目还是终止了。

1967 年，独立专门设计工艺局开始参与"圆点"师属导弹综合系统的开发工作。从 1973 年开始参与"奥卡"集团军属导弹综合系统的开发工作。专门设计工艺局为上述系统研制了恒温容器，以保护导弹弹头不受外部环境影响，确保容器在作战过程中保持额定温度且温度场的不均衡性不超过 50 摄氏度。恒温容器为三层结构，形状依照导弹弹头的形态设计。在导弹发射前，沿纵向形成线设置的容器"舱门"会打开。

1966 年 3 月 6 日，苏联开始研制配备有 15Ж42 洲际弹道导弹的"节律-2C"（Темп-2C）导弹综合系统。这一项目将独立专门设计工艺局的发展带入了新阶段。专门设计工艺局第一次作为真正独立的研制单位，参与了一系列重要产品的开发。当时需要为"节律-2C"导弹综合系统研制运输发射容器壳体和封头的罩子，放置自行发射装置设备仪器的成套"隔舱"，以及弹载电缆网线的防护罩。按照莫斯科热力工程研究所和电力工程科学研究院的技术文件，还需要实现抗侵蚀聚合材料喷管组的喇叭形外罩、轴环和其他零部件的生产。

莫斯科热力工程研究所对运输发射容器提出了严格的质量要求（2 400 千克）。初步计算表明，这是不可能实现的。不过独立专门设计工艺局领导层还是接受了这一要求，这么做的出发点可能是为了避免与导弹综合系统的总设计师发生冲突，并在导弹综合系统的研制和制造工作中获得一席位置。

1969 年 12 月底对容器进行了测试，测试完全失败，容器未能承载技术任务书规定的 101 吨集中载荷，仅承载了 13 吨。

弹头的隔热容器（即图上的俄文）

随着形势发展，莫斯科热力工程研究所和上级机构都意识到，要将容器重量限制在 2 400 千克是不可行的。独立专门设计工艺局后续制定了减重措施，包括投产具有新结构的玻璃织物。1971 年年中，一个 3 400 千克的容器被制造出来并成功通过了 ЗРИ 和 МВИ 试验。但在导弹的飞行试验期间，容器未能抵御住高温气流而燃烧起来。为解决这一问题，独立专门设计工艺局进行大量研究，先后建立了运输发射容器内部热质传递的物理和数学模型，并最终挑选出了符合要求的防热层。

对于隔舱的生产，独立专门设计工艺局选择了手工成型工艺，以最少的特殊工具加工出质量最小的复杂形状结构。采用这种工艺制造出的隔舱可以承受各种运行负荷。由于隔舱具有足够的强度应对交变负荷，在扭转过程中不会产生疲劳现象。ПН-62 聚酯树脂被用来进行隔舱生产，相对于此前采用的其他类似树脂，它更易加工，在一定程度上减少了劳动负担。

到 1972 年"节律-2С"导弹综合系统开始联合飞行试验时，与之相关的材料工艺研究已基本完成。"节律-2С"导弹综合系统于 1974 年开始批量生产，并在 1975 年 12 月 30 日列装。独立专门设计工艺局由于在"节律-2С"导弹综合系统研制项目中作出了贡献，于 1977 年被授予十月革命勋章。

1969 年，在独立专门设计工艺局和莫斯科热力工程研究所领导层提出建议后，苏联国防工业部下达了关于"节律-2С"综合系统的命令，要求使用玻璃纤维增强塑料研制 15Ж42 导弹第三级发动装置。自此开始按照"蚕茧"方案，进行整体缠绕式固体推进剂火箭发动机的研制工作。尽管在这一阶段采用的仍是玻璃纤维增强塑料，但将聚合复合材料引入导弹技术领域是一个革命性步骤，大幅提高了导弹制造工作的效率。当时初步估计的结果就显示，聚合复合材料壳体的质量能够比金属材料壳体的质量少 25％至 30％。

所获得的整体缠绕壳体，结合壳体底部和防热层，带来了显著的技术优势。在这一方案下，增强纤维的铺设轨迹与负载过程（加载过程）中主要应力的轨迹相一致。（壳体）底部采用螺旋缠绕法制成，具有平衡的形状，使内部压力被增强纤维的张力（拉力）所"吸收"。为了达到指定的强度，在圆柱部分还进行了环形缠绕。在缠绕过程中通过使用线束（多股粗纱）提高了增强材料的机械性能，避免了其在编织加工过程中受到损伤。1972 年，壳体达到了所需的强度水平，相关工作被移交给化学工程科学研究所。

1973 年 4 月，苏联方面决定研制"先锋"中程弹道导弹综合系统。为了节约时间和成本，"先锋"综合系统以"节律-2C"陆基机动导弹的系统和设备加以研制。独立专门设计工艺局为"先锋"综合系统开发了新的容器和顶盖，在结构上首次使用 ТЭМС-К（М）织物作为容器内部防热层。采用 ТЭМС-К（М）织物的益处是取消了膏状防热层的手工涂制，省掉了以往为保证涂层厚度和容器内径精确的诸多加工操作。自行发射装置各隔舱舱室首次采用了双加热层（27 и 220/380 В）非金属玻璃纤维增强塑料加热器。"先锋"综合系统于 1974 年 9 月进行了首次发射；1976 年 3 月，苏联政府做出了将 РСД-10 综合系统投入战备值班的决议；当年 8 月 30 日，"先锋"综合系统开始装备第一个导弹团。服役期间，"先锋"综合系统共进行了 190 次发射，全部取得成功。

20 世纪 70 年代初，出现了更换掉 667A 型潜艇旧有导弹武器（Д-5 综合系统）的需求。为了尽可能只对已经在运的潜艇做出小改动，决定研制一种两级固体推进剂洲际导弹，即 Р-31 导弹（Д-11 综合系统的导弹）。1972 年 6 月，导弹第二级发动机壳体的开发工作被分配给独立专门设计工艺局。

为了满足对于重量和高负荷的严格要求，整体缠绕"蚕茧"成为发动机外壳的唯一选择。也不再能使用玻璃纤维生产出具有指定性能

固体推进剂火箭发动机的整体缠绕壳体（即图上的俄文）

的外壳。只能使用一种强度比玻璃纤维高出 20％至 25％，但密度比玻璃纤维低的材料。

当时美国已经将凯夫拉用于同类产品。按照军事工业委员会的指示，全苏合成纤维试验科学研究所进行了类似材料的开发。尽管从那里得到的第一批芳纶纤维样品的强度较低，但由于芳纶纤维密度仅为玻璃纤维的 55.6％，基于芳纶纤维的有机纤维增强塑料在强度上已经初步优于玻璃纤维。新材料在 1972 年至 1975 年间得到了不断改进。

结构上各方面的巨大差别，使得缠绕过程中无法再如先前那样应用大地测量敷设轨迹。为了对沿恒定偏转线的缠绕过程进行程序控制，需要研制数学软件。苏联在制造"蚕茧"固体推进剂火箭发动机壳体时实现了这种方法，与之相关的建议比美国的类似建议要早 7 年提出（根据发表日期）。苏联开发出了获得含砂聚合物心轴的工艺。在制造壳体时使用了由液力高压法（湿法蒸压）预制的防热层。

在质量效能参数（工作压力与壳体面积相对于壳体质量的乘积）方面，复合材料壳体分别比复合材料增强后的高强度钢壳体和带金属底部的复合材料壳体要好 2.5 倍和 1.5 倍。

由于更新型的导弹系统即将问世，仅有一艘潜艇换装了 Д-11 综合系统，导弹总共生产了 36 枚。后来根据《第一阶段限制战略武器条约》，所有导弹都以发射方式进行了销毁。应当指出的是，Р-31 导弹本身是不如美国"海神"С-3 导弹的，在相近的起飞质量和射程下（减了 15% 来计算），Р-31 的投掷质量几乎比后者少了一半多。

在美国开始发展"三叉戟"重型潜射弹道导弹后（1971 年），苏联也开始发展类似的 Д-19 综合系统，它包含有 3М65 导弹（Р-39 导弹），用于装备 941 型潜艇。新型导弹第一级和第二级发动机的复合材料壳体相关工作被分配给了独立专门设计工艺局。

像 3М65 导弹发动机壳体这种尺寸的外壳，当时在苏联是第一次制造，采用了"双层蚕茧"方案。第二"蚕茧"外壳能够确保各轴向运输负荷和飞行负荷作用下的必要强度。新开发出的铆接"裙边"接头保证了必要的强度和密封性。在制造 3М65 导弹发动机壳体时，使用了当时苏联工业部门能够拿出的最好材料：强度为 380—400 千克/平方毫米的芳纶线束（合成纤维材料线束）以及用作内部防热材料的 51-2135 橡胶，后者在燃料侵蚀阶段的影响之下有足够的耐用性。

1979 年，导弹第二级发动机壳体的文件被移交给"火花"生产联合体，在那儿建立了相应设施以进行后续工作并组织批量生产。1984 年，中央专用机械制造科学研究所（由独立专门设计工艺局改组而来）因成功研制 3М65 导弹发动机壳体，被授予劳动红旗勋章。

试验台（即图上的俄文）

1986 年，苏联方面开始研制 3M91 "远洋帆船" 导弹（Р-39УТТХ 导弹），准备更新 941 型潜艇的武器装备，并在后续配备到 955 型 "北风之神" 潜艇上。3M91 导弹在设计上带有冰层穿透系统，既能够按弹道轨迹发射，也能够按平直轨迹发射，缩短 40% 及以上的飞临时间。

中央专用机械制造科学研究所负责开发 3M91 导弹第一级发动机壳体，使用了基于有机纤维的新型增强材料和按照技术说明书开发出来的新型橡胶。中央专用机械制造科学研究所同米阿斯基机器制造设计局合作，首次解决了在发动机壳体壁内放置弹载综合系统电缆的任务，该成果也被应用于后续开发工作中。对于大尺寸高变形壳体的研制而言，此时最重要的问题已经解决，中央专用机械制造科学研究所引入特殊补偿装置确保了内部防热层耐用性，防止产生裂纹。一种特殊的导电织物被应用在3M91导弹第一级发动机壳体外表面以消除静电，取代了传统的导电油漆涂层（经常在后续工艺操作中出现破损），从而解决了技术上的问题。

在经历了3次不成功的发射后，1998年俄罗斯国防部决定终止3M91导弹及其综合系统相关工作，最主要的原因是财政资金不足。要彻底完成系统优化，还需要再进行8次发射，生产一枚导弹就要耗时三年……

在"白杨"陆基机动导弹系统及其15Ж58导弹项目中，独立专门设计工艺局负责开发导弹第二级发动机壳体、各级发动机（共三级）的喷管通路零件、运输发射容器的外壳和顶盖，以及自行发射装置上放置设备和仪器的隔舱。

15Ж58导弹的第二级发动机采用固体推进剂，长4.6米，直径1.55米。仰俯、偏航（摆头）的控制和稳定，是通过喷管外部的各个特殊气体发生器向喷管超临界部分喷射热气实现的，特殊气体发生器跟发动机燃烧室和喷射组件相连（与15Д206固体推进剂发动机的原理类似）。滚动控制则借助安装在喷射组件气道上的双喷管组件实现。

考虑到质量（重量）上的限制，制造发动机壳体时采用了高强度芳纶纤维来获得必要的强度。为了充分利用增强材料，提高了敷设精确度并优化了丝线（纤维）结构，避免纤维在"经过"时损伤。正是在上述丝线结构的完善过程中，摸索出了最佳的缠绕过程规范，确保了制成品质量稳定。为了提高对接接头的刚性，开发了玻璃硼塑料（玻璃硼纤维复合材料）。还解决了薄壁防热层（由不同种类橡胶混合物构成）的完整性问题。

开发出的运输发射容器在结构上保证了必需的强度和刚度，能够承受巨大的力负荷和热负荷，特别是在容器抬升和导弹发射期间。容器很高的纵向弯曲刚度，大大减少了导弹在运输、抬升和发射过程中所承受的负荷。玻璃纤维隔舱也为降低综合系统总质量作出了重要贡献。

1983年2月，15Ж58导弹开始联合试验；1984年12月，"白杨"陆基机动导弹系统开始批量生产。2000年时，开始对陆基机动导弹系统进行延寿，中央专用机械制造科学研究所参与了该项工作。15Ж58导弹的额定寿命为15年，但已处于战备值班25年的导弹试射依然取得了成功。

在"白杨"导弹上，苏联应用了当时所有的先进技术措施，包括高比冲固体推进剂，固然推进剂火箭发动机有机纤维增强塑料壳体，以及由四个转向固体推进剂火箭发动机组成并以"推"和"拉"方法运作的战斗级发动机装置，等等。

1984年1月，苏联方面决定开发"速度"陆基机动导弹系统及其15Ж66中程导弹。当时要求在9个月内完成开发和制造工作并交付试验。"速度"陆基机动导弹系统是所谓"乌斯季诺夫计划"的主要部分之一，按照苏联领导人的看法，这一计划能够迫使美国将"潘兴-2"中程弹道导弹和远程巡航导弹从欧洲撤走。为了在最短时间内完成开发工作，要求最大限度地利用已经在其他综合系统上应用的现成产品和系统。

"速度"陆基机动导弹系统被称为"潘兴杀手"，这要归功于15Ж66导弹能够在"潘兴"导弹尚处于发射前准备阶段时就能够消灭它们。中央专用机械制造科学研究所开发了15Ж66导弹的第一级发动机壳体、喷管装置、运输发射容器以及隔舱。

15Ж66导弹的第一级发动机基于"白杨"洲际弹道导弹的第二级发动机开发，按照新的工况进行了补充加工并减重，在裙边使用了混合增强有机玻璃织物。为了对喷管装置进行补充加工，开发了大量由抗侵蚀材料制成的冲压零件，这也是中央专用机械制造科学研究所首次采用注塑工艺。中央专用机械制造科学研究所在运输发射容器开发上没有遇到任何问题，隔舱则利用现成的设备制造了出来。"速度"导弹于1985年1月进行了首次发射，戈尔巴乔夫上台后，项目相关工作被放缓，然后在1987年被终止，那时沃特金斯克工厂已经造好了10枚导弹。

独立专门设计工艺局在1983年参与了"信使"陆基机动导弹系统及其小尺寸洲际导弹的"里程碑式"研制工作，为复合材料在苏联导弹制造中的应用开辟了新方向。"信使"导弹是苏联对美国"侏儒"导弹计划的回应，当时美国人正尝试研制出世界上最小的洲际弹道导弹。

"信使"陆基机动导弹系统的主旨，是通过增加导弹综合系统的机动性和隐蔽性来解决战略火箭军集群的生存性问题。伪装成"全苏汽车运输总局"（Совтрансавто）拖车并能在现成公路上行驶的陆基机动导弹系统，能够大大增加反击的成功机会。

独立专门设计工艺局负责开发导弹的运输发射容器壳体和隔舱以及导弹第三级发动机壳体，并首次承担连接舱（级间段）和鼻部整流罩的研发。需要掌握碳-碳喷管的生产工艺，根据开发方图纸准备好生产喷管通道的技术。

为了让运输发射容器的质量尽可能小，其承力壳以可变截面制成（在直径方向和轴向上都是如此），应用了不同类型的增强纤维。隔框也是以可变截面制成。在制造隔舱期间，尽可能地遵循了内部轮廓统一原则，以便使用现成设备。

"信使"导弹第三级发动机的壳体是苏联壳体开发制造史上最优秀的产品，其承力壳采用"阿尔莫斯"（Армос）有机纤维制造，低密度防热层（1克/立方厘米）使用压铸法制成。

在"信使"导弹连接舱的结构中首次采用了"网状结构"（碳纤维蜂窝），使导弹制造中复合材料的应用范围大为扩展。在最复杂的

第四章 蚕茧式外壳 63

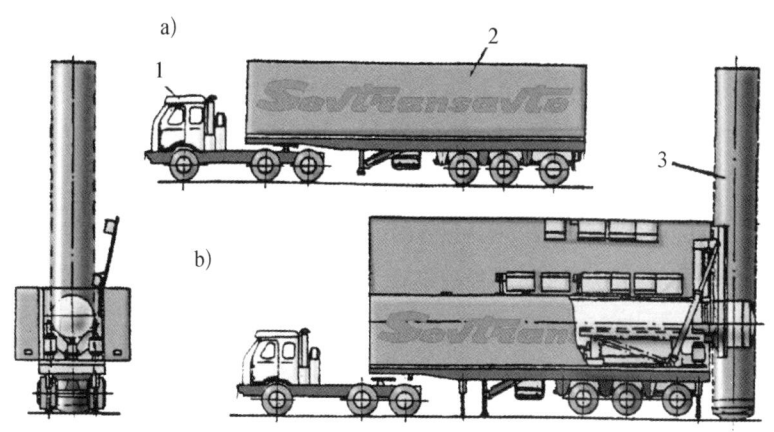

伪装成拖车的"信使"陆基机动洲际导弹系统

工况下，网状结构连接舱的质量比金属材料连接舱的质量少25%。在后来，这一结构被广泛地应用到中央专用机械制造科学研究所的研究中。

在"信使"导弹开发工作期间，独立专门设计工艺局研制了碳-碳复合材料，确保了高能燃料混合物工作条件下的耐热性和耐侵蚀性。导弹喷管组的质量也因此有了实质性下降。还研制了在高温真空炉中进行的复杂工艺流程（持续时间达三个月）。在碳织物增强填料和酚基粘接材料（经热解碳转化为饱和焦炭的）的加工过程中，得到的是几乎由纯碳构成的产品。采用这种工艺制造的导弹第三级喷管要比采用"传统"工艺制造的第三级喷管轻25%。

中央专用机械制造科学研究所于1989年着手开始"白杨-M"陆基导弹综合系统的工作。在"白杨-M"陆基导弹综合系项目中，中央专用机械制造科学研究所负责为井基版"白杨-M"导弹和公路机动版"白杨-M"导弹研制运输发射容器、隔舱、发动机壳体、套管、连接舱、尾舱和鼻部整流罩。还应根据莫斯科热力工程研究所的技术文件开发大量的喷管通道零部件。总共有41项工作被分配给中央专用机械制造科学研究所，但由于苏联解体而一度停滞。

与以往同类型的产品相比，公路机动版"白杨-M"导弹的运输发射容器首次具备了足够的装甲强度来抵御枪械射击。同时为发动机装置开发了特殊套管，以免杀伤要素对发动机装置造成破坏性影响。研制出的鼻部整流罩确保了所需的空气动力学特性、抗热侵蚀性和无线电透明度。1993年，"白杨-M"导弹联合试验用的相关器材准备完毕。1994年12月，井基版"白杨-M"导弹在试验中成功击中位于堪察加半岛的目标。

1996年，中央专用机械制造科学研究所开始恢复（实际上是重新寻求）与原料、材料供应企业的合作。有些企业已经彻底消失，有些则已经是外国企业。在拨款极少且不均的情况下，唤起合作伙伴的

第四章 蚕茧式外壳 65

喷管组件的出口锥（即图上的俄文）

鼻部整流罩（即图上的俄文）

共情或爱国情怀几乎成了唯一的办法。应当指明的是，即便到了今天，俄罗斯也没能完全解决复合材料高科技产品的原料、材料供应问题，至少价格并不公允，这是阻碍俄罗斯复合材料工业发展的主要因素之一。

1997年，各个企业开始生产和交付用于量产"白杨-M"综合系统的产品。1999年12月末，交付了用于制造首套公路机动版"白杨-M"综合系统的成套产品。2000年12月27日，从机动发射装置上进行了"白杨-M"洲际弹道导弹的第一次发射。

第五章　最初的成果

——PT-23 综合系统与 15Ж44、15Ж52 导弹

PT-21 和 PT-22 固体推进剂导弹综合系统的研制工作都未能进行到最后一步，但极大地推动了后继项目的研制。

苏联方面持续开发固体推进剂导弹综合系统是由于了解到美国正在加快部署"民兵-2"和"民兵-3"导弹，按照美国人当时的计划，到 20 世纪 70 年代中期会部署大约 1 000 枚导弹。此外，美国还在部署配备了新型导弹的潜艇。

之后美国开始研制一种更为先进的导弹，即 MX 固体推进剂导弹，它还有一个正式名称——"和平卫士"导弹。由于苏联方面担心失去战略上的对等地位，这种导弹优异的战术-技术性能和研制进程引起了极大的关注。因此，苏联研制固体推进剂导弹综合系统的动机变得更加充分。以往的经验已经向苏联人证明，固体推进剂导弹综合系统的研制工作是一件复杂的事。在持续推进开发工作的同时，还必须形成新的产能，组织起材料生产，研发和掌握新的设备。但必须尽快采取措施研制出先进的导弹综合系统，建立起新的科研和生产基地。

苏联方面启动第四代战略导弹综合系统项目后，最先从发射井式综合系统入手。苏联军工工业委员会于 1973 年 2 月做出了编制技术建议书的决定；同年 3 月，苏联战略火箭军提出了对新型导弹综合系统的战术-技术要求，综合系统配套的导弹得到了 15Ж44 的编号。

按照要求，15Ж44 导弹上应安装一台大尺寸固体推进剂火箭发动机，同时该发动机也会用在"机械制造"设计局开发的 3M65 导弹

第一级上，这使苏联技术人员不得不为了通用化做一些性能上的"妥协"。尽管后来的事实证明，这种办法对于导弹本身而言或许并不是最佳方案，但缩短开发时间和节省开支的前景却让该方案最终胜出。

1973 年年底，"南方"设计局技术人员编制出了井射式 15Ж44 导弹的技术建议书，并得到了设计局总设计师委员会的认可，不过国家订货方就如何进一步提高导弹性能提出了一系列意见和建议。1974 年 7 月，苏联战略火箭军针对导弹综合系统提出了新的甚至可以说更严格的要求。鉴于此，"南方"设计局决定对技术建议书进行补充。

军方在整个 PT-23 导弹综合系统项目进行期间都不断地提高对于导弹性能的要求，这促使苏联技术人员，特别是"南方"设计局的技术人员，时时刻刻都要去努力寻找能够满足这些要求的方法。许多独到的技术方案就这样被激发了出来，但综合系统的研制时间也同时加长了。

补充技术建议书或设计草案的内容，对于苏联各个设计局来说是家常便饭。编制补充材料是为了提高产品的性能，对此前评审讨论期间出现的意见和疑问作出回应和解答。有时候，资料上的变化甚至能带来新开发项目。设计草案通常以书和图册的形式呈现，可以摞到 1 米的高度。

1974 年 12 月，"南方"设计局完成了技术建议书的内容增补，其中规划了不同尺寸和起飞质量的导弹，有 96 吨的（直径 2 400 毫米）、130 吨的（直径 2 800 毫米）和 155 吨的（直径 3 000 毫米）三种规格。打算通过一系列的新技术措施，如在主发动机上应用新型混合推进剂、采用高强度有机塑料壳体以及"蚕茧"壳体结构和埋入式喷管等，来达到导弹的动力性能指标。

到了 1975 年 1 月 31 日，总设计师委员会提出了将导弹的质量定为 100 吨、有效载荷质量定为 3 吨的建议，并认为这是最理想的一种形态。"南方"设计局此时首先考虑的是如何在井式导弹综合系统框架内实现导弹的指定性能，毕竟这是首要任务。但同时他们又打算让规划中的导弹既能够放置在固定发射装置内，又能够放置在机动发射装置中。铁路发射装置作为一种延伸而来的变体，让开发人员在导弹的起飞质量问题上受到很大限制。

当然，对于其他一些人而言，导弹的起飞质量可能就没有那么要紧。例如苏联战略火箭军就坚持认为应当继续按 130 吨导弹方案推进开发工作，他们的出发点是导弹的质量更大意味着能携带更强的装备。尽管这种想法有事实依据，却会使开发出的导弹无法装配到作战铁路导弹综合系统上面去。总之，当时苏联内部仍然存在着一种强烈的倾向，即确保打击威力才是首要的，比确保机动综合系统的生存性和使用机动综合系统来进行反击更为重要。

"南方"设计局总设计师 В. Ф. 乌特金在国防部第 4 科学研究所主任 Е. Б. 沃尔科夫（Е. Б. Волков）和中央机器制造科学研究所负责人 Ю. А. 莫佐林（Ю. А. Мозжорин）的支持下，为 100 吨级导弹进行了辩护。经过激烈的辩论，100 吨导弹方案最终被采纳。以现在的眼光来看，苏联方面采用 100 吨导弹无疑是正确的。一方面，在后来美苏签订核武器协议的情况下，导弹仍能够作为"轻型洲际导弹"继续发展；另一方面，若当时采用的是 130 吨和 150 吨质量的导弹，那么机动综合系统的开发规划会完全丧失可行性。

在 1975 年 6 月苏联通用机械制造部第一科学技术委员会分会会议上，导弹的技术建议书及其补充材料，包括导弹的尺寸获得了批准。会议决定进行下一步草图设计，以确保导弹结构具备足够的稳定性（强度），能够在飞行主动段克服核爆炸造成的各种毁伤性影响（在苏联阵地区域受到敌人袭击时，导弹将用于发起反击）。还建议研究导弹采用多种发射方式（发射井、公路机动、铁路机动）的前景。

苏联国家领导层十分重视 РТ-23 导弹综合系统的研制工作，原因是这一现代化的新型综合系统在投运并配备单弹头导弹时，作战效能将不亚于美国未来的同类型综合系统。这一点在分导弹头导弹部署受限的大环境下显得尤为重要。另外，РТ-23 导弹综合系统还将激发出苏联工业部门创造铁路导弹综合系统的潜能，确保 1983—1985 年之后战略火箭军集群的生存性。

随后，"南方"设计局技术人员紧锣密鼓地开展了新一轮设计工作，并于 1976 年 7 月向总设计师委员会提交了新的材料，其中确定了 РТ-23 导弹综合系统的基本开发原则和 15Ж44 导弹在设计上所要采用的下列技术措施：

导弹的第一级发动机尽可能与 3М65 潜射导弹的第一级发动机实现通用。

提高导弹稳定性（强度），增强导弹对核爆毁伤性影响的抗性。

导弹第一级和第二级在主动段的飞行控制，通过气体注入系统向主发动机喷管超临界部分注入热气的方式来实现；导弹第三级的飞行控制，借助主发动机的开襟控制喷管和倾斜（滚转）固体推进剂火箭发动机来实现。

导弹第一级使用"阿尔泰"科研生产联合体开发的新型有效混合推进剂，导弹的第二级和第三级使用柳别尔齐"联盟"科研生产联合体开发的新型有效混合推进剂。

导弹的第二级和第三级发动机喷管组件采用可延伸出口锥。

导弹使用单弹头。为了形成"战斗队形"，导弹的分离战斗级拟采用基于"拉动"方案的固体推进剂发动机。

导弹使用充气式尖端整流罩。

导弹的质量和尺寸特征也得到了确认：起飞质量为 106 吨（考虑到了美苏《第二阶段限制战略武器条约》的限制），处于运输状态时长度为 21.9 米（如此一来，导弹就能部署到规划中的作战铁路导弹综合系统上）。

制定出的导弹性能指标，给"南方"设计局带来了不小压力。他们在后续试图达到或满足这些指标时遇到了很大障碍，例如：无法将导弹的起飞质量控制在指定范围内；主发动机的性能不如预期；导弹各级在飞行过渡阶段分离时，弹体的控制性无法得到充分保证；等等。苏联技术人员不得不进行大量优化工作和变通处理，延长了项目周期。导弹各台发动机在推力和工作时间上的巨大"偏差"，也让事情变得更加棘手。

"南方"设计局最初考虑过，干脆在导弹的每一级上都通过发动机燃烧室向喷管超临界部分注入气体的方式来实现飞行控制。也考虑过，在导弹的每一级上都安装巨大的稳定尾翼来实现各级静态稳定。但上述方案会让导弹的结构变得十分复杂，进一步增大它的尺寸，加大它的起飞质量，而当时 15Ж44 导弹的起飞质量已经大大超过了美国 MX 导弹的起飞质量。于是，"南方"设计局决定寻求一种新的控制方式。

在"南方"设计局，И. М.伊格达洛夫（И. М. Игдалов）领导的部门一直在研究一种全新的导弹控制方法，即在两级万向节上偏摆弹头舱室。其实早在设计 15Ж41 导弹时，就开始了这种方法的探索研究，考虑的是同时利用大气稠密层空气动力（部分借助整流罩上的气动舵实现）和质量控制力这两种控制力来实现飞行控制，通过质心相对于发动机推力方向的位移在飞行所有阶段达成控制。为了走出导弹控制性问题上的死胡同，"南方"设计局管理层将目光投向了这一可能是出路的办法。中央空气流体力学研究所和中央机器制造科学研究所为此进行了导弹模型风洞试验，证实了这种方法大有希望。

1976 年 12 月，新的控制方法问世，在后来它通常被称为"摆头"控制法。"南方"设计局总设计师 В. Ф.乌特金批准了关于导弹

15Ж44 导弹的充气式尖端整流罩,这种整流罩后来为 15Ж61 导弹所继承。在不充气时,弹头是扁平的,发射后才充气填充,变成完整的空气动力学锥体。

类似的尖端整流罩设计也应用在了苏联 3M91（P-39 УТТХ）潜射导弹上

方案的设计评估结果报告，其中一个版本就采用弹头舱室偏摆法来控制导弹第二、第三级的飞行，设计局科学技术委员也建议采用这种方案来进行导弹的初步设计。在这么大的导弹上采取这样的技术解决措施的打算前所未有，是 B. Ф. 乌特金的一个非常大胆的创意。"南方"设计局的所有管理层和主要专家，都参与了这种独特控制方法的开发和优化工作。

尽管存在着外部阻力，不是所有人都赞成这种"古怪"的控制方式。在多次讨论中，B. Ф. 乌特金得到了自动化技术和仪表制造科学研究所总设计师 H. A. 皮柳金（Н. А. Пилюгин）以及中央机器制造科学研究所负责人 Ю. A. 莫佐林的大力支持，在上述三人的积极推动下，事情得以顺利进行。为了优化"摆头"控制法，苏联多个机构开展了研究。为试验测试建造了专门的负荷试验台（装载试验台），在上面进行了几乎和实物无异的产品循环试验。

"摆头"控制法的一大优点是，凭借主发动机产生控制力时没有能量消耗，倾斜扰动（滚转扰动）最小，让技术人员能够简化控制系统。在后来采用液体推进剂分导战斗级后，由于万向节靠近导弹分导级的液体推进剂发动机装置，苏联技术人员能够将分导级发动机的液压电源和转向机（用于实现弹头舱室偏摆）的液压电源结合起来，形成集中电源，从而大大简化导弹的结构。

不过最重要的一点变化是，借着研究"摆头"控制法的"东风"，导弹第二级和第三级固体推进剂发动机的研制工作与控制系统的研制工作相互独立开来。这样在导弹项目实施期间，对于发动机做任何改动或改进都不会对控制系统造成实质性大影响。

苏联技术人员在 15Ж44 导弹上采用了许多独特的技术措施，其中包括将"迫击炮发射"原理应用在导弹各级的分离过程中：火药蓄压器在级间容积范围内增压，然后借助空心直列装药实现各级的分离；还包括在弹头上使用了非传统的形状可变的充气尖端整流罩。

弹头偏摆系统的关键部件：万向节

1976年6月，苏联政府做出决议，要求"南方"设计局开始全面开发РТ-23井射式导弹综合系统及配套的15Ж44单弹头轻型导弹，并以15Ж44导弹为基础研制15Ж52洲际弹道导弹和作战铁路导弹综合系统。苏联政府计划在第53科学研究试验靶场（普列谢茨克）建立试验综合体，配备包括发射装置和指挥所在内的必要地面设施，为靶场的测量综合系统补充装备。

1977年6月，15Ж44导弹的设计草案经总设计师委员会审议后得到批准。在委员会的决议中提到，设计草案中提出的发动机性能、推进剂性能和主要系统的性能完全贴合苏联方面对导弹制造技术发展的预期，并且在技术性能上超越了苏联以往研制的各型固体推进剂导弹。在预计能够实现的指标当中，导弹的有效载荷质量大致和美国MX导弹（起飞质量约为88.5吨）处在同一个水平上。但同时，15Ж44导弹在决定综合系统作战效能的稳定性（面对核爆毁伤性影响的强度）、打击精度、战备妥善率等方面大大落后于MX导弹。

15Ж44 导弹在动力质量指标上也逊于 MX 导弹,这是由于在导弹第一级上没有采用最适宜的发动机,而采用了通用化的 3Д65-15Д206 主发动机。发动机外壳的有机塑料单位强度不足导致发动机质量效率低,发动机内部的防热层材料单位质量大,喷管组件相对不高的膨胀度降低了发动机比冲值。

上述这些都是后来改进导弹动力质量性能的主要方向。

在这一阶段,苏联军事工业委员会、战略火箭军、国防部和通用机械制造部的主要研究所在不断对比着 15Ж44 导弹和 MX 导弹的战术技术性能。苏联方面通过各个消息渠道获取资料,不停地确认美国导弹的真实性能,并作出客观分析,分析结果直接影响到对于 РТ-23 导弹综合系统开发工作的要求。参与 РТ-23 导弹综合系统项目的各个机构都在积累着信息资料,其中就包括通用机械制造部第 1 总局。

苏联战略火箭军对于导弹设计草案的结论是:"能够满足对于导弹综合系统的基本要求,其开发工作能够让我国在固体推进剂导弹研制上迈上一个新台阶。但又由于我国在固体推进剂导弹物质基础上的普遍落后,要达到 MX 导弹的水平还有很长的路要走。建议立即采取措施建立科学技术储备以进一步提高导弹的性能水平,请特别注意提高战斗部的单位威力、打击精度,开发和应用高能推进剂、高效的结构材料和防热材料。"

苏联技术人员预计到,随着研制工作的推进,15Ж44 导弹的质量会有所增加。然而由于美苏《第二阶段限制战略武器条约》的限制,导弹的起飞质量不能超过约定的"轻型洲际弹道导弹"起飞质量上限。导弹起飞质量的"最高界限"到底在哪儿,必须要明确下来。为此,"南方"设计局与 УР-100Н 导弹的开发制造单位"机械制造"科研生产联合体、赫鲁尼切夫机械制造厂合作开展了专门研究,提取出档案材料并加以解读。最后,15Ж44 导弹的最大起飞质量被定为不超过 105.6 吨,而投掷质量大于 4.35 吨。

1978年1月，"南方"设计局发布作战铁路导弹综合系统的技术建议书。铁路上发射的15Ж52导弹（首个版本）和井射式15Ж44导弹之间的主要差别是前者的分导级打算使用基于"推动"方案运作的固体推进剂发动机装置；由于采取机动发射，没有被要求具备和井射式导弹一样的稳定性（强度），以面对地面核爆和空中核爆造成的毁伤性影响；弹体被弹出运输发射容器后会有偏摆动作。

"南方"设计局在导弹设计草案的补充材料中编入了所有新措施，然后提交给苏联通用机械制造部科学技术委员第一分会和当时刚组建不久的跨部门项目协调委员会审议。上述两个机构在1978年5月的同一天举行会议，出席的人员具有相当高的代表资格，为设计草案编写的补充材料得到了认可。

"南方"设计局和南方机械制造厂在接受讨论和审查期间，同步编制出了15Ж44导弹的设计文件，生产出了用于制造和装填主发动机壳体的工艺装备。这里需要特别指出的是，以上这些装备均为结构十分复杂的大尺寸产品，例如前文中已提到过的"针体"（一种表面高度光洁、结构复杂的可拆卸金属构造物）就是其中的一种，在浇铸和聚合固体推进剂药柱期间，它是制成药柱内孔必不可少的装备。"针体"非常关键，其产量直接决定了有多少药柱能够在发动机壳体中成形。此外，还搭建了大量试验台，制造了各种用于静态试验和功能试验的器材。

但就在项目工作即将进入地面试验优化阶段时，苏联国家领导层、战略火箭军对导弹综合系统的要求再次发生变化，针对变更后的战术技术任务和政府决议草案开展了新一轮协商。1979年6月1日，苏联政府针对PT-23导弹综合系统做出第514-175号决议，新命令文件的内容主要包括：

导弹系统的基本性能。
将单弹头更换为能够携带10枚战斗部和一套突防装置的分

导弹头。

鉴于工作上的要求和导弹结构发生变化，延长项目实施期限。导弹的飞行试验定在1982年第一季度进行。

除研制发射井综合系统和配用的15Ж44导弹外，还要以15Ж44导弹为基础研制作战铁路导弹综合系统和配用的15Ж52导弹。

综合系统的试验地点为国防部第53科学研究试验靶场。

按照新的要求，导弹的外形发生了大变。15Ж44导弹上有了一系列原则性变化，其中就包括改为使用液体推进剂发动机装置来分导各个战斗部。这一决定是包括В.Ф.乌特金在内的设计人员经过长期分析和反复斟酌后（当时有各种各样的技术性和非技术性意见）做出的。尽管此前所有的固体推进剂导弹按惯例配用的都是同样使用固体推进剂的分导级发动机装置，但对于自身动力无法完全满足需要的三级15Ж44导弹来说，分导级除了要保障战斗部和突防装置形成"战斗队形"外，还要在弹道飞行主动段起到"第四级"的作用，让导弹在有效载荷质量上取得明显优势。

对于在固体推进剂导弹上使用液体推进剂分导级，战略火箭军抱有疑虑，毕竟这样的导弹之后还要在作战铁路导弹综合系统上使用：装有核弹头、塞满近100吨固体推进剂还带着700千克易自燃液体推进剂的导弹，要在铁路上战备机动近30万千米。如果液体推进剂组分在战备值班路线上引发火势，后果将十分严重。

不少人仍旧怀疑上述决定的合理性。不过液体推进剂发动机装置在当时确是最佳选择，通过它才能够保证导弹的最重要性能和指标（如最大射程、有效载荷质量、战斗部向目标分导的点位）达到要求的水平。总设计师В.Ф.乌特金坚持了自己大胆而又有些冒险的决定，他再次得到了中央机器制造科学研究所负责人Ю.А.莫佐林的关键性支持。中央机器制造科学研究所在整个 PT-23 导弹综合系统项目进行期间都发挥了十分重要和积极的作用。按照苏联航天-导弹制造领域的决策体系，如果中央机器制造科学研究所不发表有分量的正面意见，再重大的文件都不会被采纳。这并不是在流程上做做样子、走个形式。每一次发射前，国家委员会都要在会议上听取中央机器制造科学研究所的结论。

因此"南方"设计局为 15Ж44、15Ж52 研制了独特的发动机装置，它包括一台采用联合燃料输送系统（涡轮泵系统和增压系统）、可在飞行中多次开关机的多功能大功率液体推进剂火箭发动机，和多台小功率脉冲发动机。对自动化技术和仪表制造科学研究所开发的导弹控制系统也做了重大修改。

根据导弹的新结构外形，苏联技术人员对设计草案进行了补充。当导弹项目迈入开发阶段时，苏联方面已预先完成了大量地面试验性优化工作，其中包括导弹主发动机（"南方"设计局和"火花"科研生产联合体的产品）的试验台点火试验。

15Ж52 导弹所使用的弹载惯性控制系统由自动化技术和仪表制造科学研究所研制，采用数字计算机，与 15Ж44 导弹的惯性控制系统基本相似。不过该系统有专门的保护措施来应对核爆毁伤因素影响，保证反击能够顺利发动起来。弹载设备被放置在数个容器中，其中之一在发挥完自身功能后，会在第三级启动时被抛掉。在发射井综合系统中，部分控制系统仪器被布置在 15Ж44 导弹的运输发射容器上，而在作战铁路导弹综合系统中，部分控制系统仪器被布置在发射单元的控制站上。

复杂而又十分特别的问题只能由自动化技术和仪表制造科学研究所的专家来解决。控制机构-弹头舱室的质量和惯性矩，完全跟传统相悖，再加上万向节实际达到的刚性，导致它的固有频率较低。

考虑到导弹动态图和稳定系统的复杂性，"南方"设计局设计出了一个独特的载荷试验台，由南方机械制造厂造好后交付莫斯科的自动化技术和仪表制造科学研究所进行弹头舱室偏摆功能试验（功能试验-24）。在试验用弹头舱室中，安装了带有弹头舱室质量-惯性模拟器、标配转向机和铰接力矩气动模拟器的标配万向节。动用了真正控制系统设备的试验，在"南方"设计局、自动化技术和仪表制造科学研究所这两个机构内均有进行。试验台运作时的景象给苏联技术人员留下了深刻印象，如小型公共汽车般大小的导弹弹头模拟器以高速运动时，仿佛安装着试验台的整栋建筑都动了起来。

15Ж44、15Ж52 导弹可配备多达 10 枚 15Ф444 战斗部，战斗部数量取决于计划射程和对突防装置的需求。战斗部在性能上与美国类似级别的战斗部相近。

当分导战斗级分离后，15Д264 液体推进剂发动机装置会将战斗级带至宇宙空间预定点位。在那儿，小推力液体推进剂火箭发动机会让战斗级作为平台向前转，而分导中的战斗部将相应往后转。一旦需要那一刻来到，燃爆药筒就起爆，开始战斗部无脉冲分离。在战斗部分导出去后，小推力液体推进剂火箭发动机将战斗级带开，再让战斗级平台往回转。之后大推力液体推进剂火箭发动机启动，将战斗级带至下一个战斗部分导点位……如此反复，直至战斗部分导完毕为止。

类似的战斗部分导方案也被用于"南方"设计局开发的 P-36M 重型洲际弹道导弹。这样独特、一反传统的有效载荷分离方式后来在"第聂伯河"运载火箭（由 P-36M 导弹改造而来）发射时就曾使航天器投资人大为惊讶。不过航天器入轨精度十分高，很快就让所有人习以为常。

15Ж44 导弹和 15Ж52 导弹的通用化程度达到了 92%，但它们的区别也很明显。例如，井射式 15Ж44 导弹的尖端整流罩需要有更高的稳定性（更高的强度），以保证导弹能够在反击-迎击作战或反击作战中顺利穿过各类固体微粒云，因此改为两半折叠式，两个坚固的半

正被安装上 15Ж52 导弹的 15Ф444 战斗部，这种战斗部后来也用在了 15Ж60 和 15Ж61 导弹上

锥体会在导弹飞出运输发射容器后立即闭合。而苏联技术人员认为，作战铁路导弹综合系统相对于发射井而言不会受到那样强的影响，因此15Ж52导弹的尖端整流罩仍为更轻盈的充气式，导弹飞出运输发射容器后，金属的扁平波纹状嵌入体会在专门蓄压器的内压作用下撑开，变成"同心圆"锥体。充气式尖端整流罩减少了15Ж52导弹的长度，让导弹能够布置在长度有限的列车发射车厢内。

此外，15Ж52导弹的第二级表面没有15Ж44导弹那样的多功能保护层用于抵御核爆产生的泥土粗大颗粒和电离辐射。15Ж52导弹的电路-结构方案、控制系统和瞄准系统，也跟15Ж44导弹的有些不同。由于固定发射和铁路机动发射的环境条件截然不同，两型导弹的运输发射容器结构也有差别，如前文所述，在发射井综合系统中，有一部分设备布置在导弹的运输发射容器壳体上，而在铁路导弹综合系统中，这些设备被移到了列车车厢上。

1980年7月，"南方"设计局发布作战铁路导弹综合系统和15Ж52导弹的设计草案。鉴于导弹在设计上十分新颖，苏联方面在项目期间投入大量精力进行地面测试检验。"南方"设计局、南方机械制造厂的专家按照计划期限，与协作企业一起制定了导弹试验优化工作的进度表。编制进度表是一项十分复杂的工作，在执行层面也同样充满着挑战性，需要在短期内制造和试验大量器材。进度表执行情况要接受"南方"设计局和苏联通用机械制造部第1总局的持续检查，技术人员每天都会核对落实结果，一旦出现延误，就会采取必要的补救措施。

按照计划，井射式15Ж44导弹的研制工作要先于15Ж52铁路机动导弹进行，并且在优化工作的时间安排上具有优先地位。苏联技术人员对制出的器材进行测试后，能够确定两型导弹上已采用的解决方案是否合理，很多时候还能够确认部件的性能是否达标。在计划地面优化工作时，苏联技术人员就已经考虑到自主试验必须包括所有新

15Ж60 导弹继承自 15Ж44 导弹的折叠式尖端整流罩

折叠式尖端整流罩对于苏联技术人员来说不是新鲜事物，早在"南方"设计局研制的 MP УР-100 洲际导弹上就应该被试验性应用过

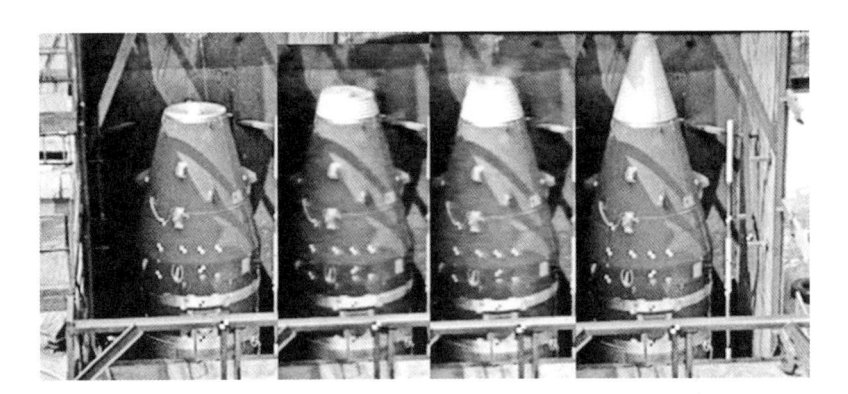

充气式尖端整流罩的撑开过程

研制的、改进的以及经过完善的部件和系统,还有那些功能作用发生了变化的产品。优化工作的规模可以用一连串数字来表明,它包含29类静态试验,25类功能试验,10余类针对导弹部件、导弹设备的动力和振动试验,外加自动元件、液体推进剂发动机装置以及导弹第一级、第二级固体推进剂发动机的例行试验。每一项试验都根据其特点编有单独的说明、文件和方式方法。

在诸多试验当中最复杂的一类当属功能试验,在这类试验中需要对所有关键系统(它们让导弹的部件和相关产品在需要时分离、移动,或是改变几何外形,在导弹的飞行过渡段保障部件正常工作)进行测试,以从客观上证明这些复杂的、可能发生故障的系统具有足够的可靠性。

总之,为了尽快开始导弹飞行试验,苏联技术人员完成了大量工作,在协调组织工作、文件编制、计划编制、地面试验工作上皆是如此。

1982年10月26日,15Ж44导弹首次从普列谢茨克试验场的发射井内试射,取得了部分成功:导弹的三级运作正常,同时证明了弹头舱室偏摆系统的适用性。故障是由分导级发动机装置的"O"供给

15Ж52 导弹被弹出运输发射容器 10 米后，在第一级主发动机启动前会进行倾斜偏摆：安装在导弹尾罩上的专用发动机起作用使弹体倾斜，而后借助烟火装置断开尾罩，让它飞向一边，紧接着导弹主发动机点火启动。这一模式延续到了 15Ж61 导弹上。

装置引发，它在分导级启动时未正常工作。不过试射任务基本完成，确认了发射装置系统能够可靠运行，导弹弹体的"迫击炮"发射方式、尾罩分离方式和导弹各级的"迫击炮"分离方式正确有效，导弹所有的主发动机工作良好。在真实发射条件下证实了弹头舱室偏摆方案能够有效控制导弹第二级和第三级飞行，这是一个巨大的成功。

1982 年 12 月 28 日，15Ж44 导弹的第二次试射取得圆满成功。而之后的试射成败不一，8 次试射中，4 次成功，4 次则出于各种原因失败。

在试射 15Ж44 导弹期间，苏联方面启动了铁路综合系统和 15Ж52 导弹的相关工作，制定了 1983 年开始飞行试验的任务。为此在普列谢茨克组建了专门的军事单位，开始大规模建设铁路专用线路和其他设施。

不过，作战铁路导弹综合系统的部分设备出现延期交付，导致苏联工业界和战略火箭军有了分歧。在前者看来，这并未影响到作战铁路导弹综合系统主体已经准备就绪，可以开展飞行试验的事实；而后者如当时人们普遍认为的那样，如果一样产品被送往试验场，那么国家试验就已经开始了，连续试射只是其中的一个步骤。

就能否将作战铁路导弹综合系统从巴甫洛格勒送往普列谢茨克，苏联工业界和国家订货方开展了多次讨论……决议规定的最后期限（1983 年）即将到来，但并非一切都已就绪。为此，苏联通用机械制造部和战略火箭军的最高管理层开了一次"闭门"会议，以决定是否将首套作战铁路导弹综合系统送去试验。在这次会议上，国家试验委员会主席 Г. М. 马林诺夫斯基（Г. М. Малиновский）起了决定性作用，这位战略火箭军副总司令、上将、资深内行果断地向参会者表明，验证作战铁路导弹综合系统的构想是否正确这件事已刻不容缓，作战铁路导弹综合系统已经具备发射能力，没有时间再纠缠于此、等待次要配套系统到位。他当时的表态与自己的顶头上司、战略火箭军总司令 В. Ф. 托卢布科（В. Ф. Толубко）的立场截然相反，冒了一定的风险。

最终，载有 15Ж52 导弹的作战铁路导弹综合系统于 1983 年年末驶向了普列谢茨克。1984 年 1 月 18 日，作战铁路导弹综合系统发射单元首次试射 15Ж52 导弹。为了防止发射装置在试射时倾倒，发射车厢被刚性固定在混凝土基座上。苏联技术人员一开始对导弹的"吹起"效果有些担忧，但试射过后发现担心完全是多余的，在后续试射中再未采取过这样激进的限制性保护措施。1984年1月至1985年4月，在作战铁路导弹综合系统上共进行了10次15Ж52导弹试射，其中仅1次出现事故，2次没有取得完全成功。从结果上讲，15Ж52导弹的试射比15Ж44导弹的试射顺利得多，导弹发生故障的原因基本上都被摸清并排除了。飞行试验证明，铁路发射装置具备发射导弹的基本能力，也证明导弹和发射单元上应用的技术解决方案是正确的。

在试射15Ж52导弹期间，苏联方面也开始为作战铁路导弹综合系统的运行做准备，规划综合系统的机动路线，并修建永备部署点和列车停留点。

然而不尽如人意的是，苏联技术人员倾尽了全力后，仍不能让导弹达到要求的性能。15Ж44导弹和15Ж52导弹在装载全套弹头时，无法达到指定的最大射程。战略火箭军也对РТ-23综合系统的性能，尤其是它面对核爆毁伤因素时的稳定性（强度）并不十分满意。在这样的局面下，苏联国防委员会在РТ-23综合系统尚处于试验期间，就决定开展РТ-23 УТТХ综合系统（即战术技术性能改进型РТ-23综合系统）的研制工作。

15Ж44导弹和发射井综合系统的相关工作在1983年就已停止，15Ж52导弹和作战铁路导弹综合系统则进入试验性运行，以积累部队实操经验。两套15П252作战铁路导弹综合系统被制造出来交付苏联战略火箭军，用于评估这类系统的运行性能，优化这类系统的机动运行组织机制、通信联络，完善军队和苏联交通部之间的相互协作机制。

在作战铁路导弹综合系统项目进行期间，对于如何确保导弹和整个系统在长期运行中的可靠性，苏联方面非常重视。由于此前没有类似条件下操作这样大尺寸固体推进剂导弹的经验，可靠性到底如何，必须通过试验予以确认，需要在试验台上将导弹样弹放进发射单元来测试。然而，在当时的苏联没有任何企业拥有那么大的试验台，"南方"设计局只得设法在国外寻找供应企业。从国外进口试验台需要外汇,且申请外汇的手续复杂,为了获得必需的资金,"南方"设计局的人员花了很长时间辗转于苏联通用机械制造部和苏联财政部之间。1986年,试验台由国外运抵"南方"设计局,导弹的运载试验随即开始,在真正的发射车厢中放置了导弹样弹进行测试。试验工作持续了近两年,不间断模拟了30万千米的行程,导弹没有出现意外状况。

铁路部署方式让导弹综合系统有望在敌人的袭击中幸存下来,并作为反击武器发挥作用。在那些年中,美国很难通过太空光学侦察手段找到并分辨出作战铁路导弹综合系统,并且作战铁路导弹综合系统能够定期运行的地区大部分时间都被云层覆盖着。尽管在多年后出现了雷达全天候侦察系统,不过其侦察能力依然受限。想要记录下作战铁路导弹综合系统通过铁路线某个点位时的情况,猜测出它向哪儿、以什么速度行进,并将目标指示信息实时传递回指挥部,是一件异常困难的事。在苏联研制作战铁路导弹综合系统时,苏联铁路网的总长度已经达到14万千米左右。

"南方"设计局总设计师 В. Ф. 乌特金曾讲过:"需要多枚'潘兴'导弹(当时美国部署在欧洲的中程导弹)才能够摧毁一列导弹列车。这不像井射式导弹那样的一对一搏斗,而完全是另一种对抗模式。因此导弹列车当然是一种独特的作战系统。美国人也曾想搞类似的系统,但最终放弃了,首先是因为存在私有铁路,其次是由于没有'支线'铁路网。我们记得,他们经历过铁路运输难关,航空和汽车运输占据了优势地位。而我们的国家如此之大,甚至连火车都可能迷路。潜在对手要找到导弹列车会很难,而这正中我们下怀。"

第六章 陆地巡洋舰
——导弹列车

在外形上，作战铁路导弹综合系统的列车平台与普通的冷藏列车无异，但内在技术上却是完全不同的、独一无二的。

在研制作战铁路导弹综合系统时，"南方"设计局作为牵头机构，与协作企业、国家订货方相互配合，共同完成了以下几个关键任务：

> 研制出了能够进行导弹发射准备工作和执行导弹发射程序的发射装置；
>
> 实现了发射装置和固体推进剂导弹的长期负载机动运行；
>
> 使综合系统具备了足够的作战稳定性（强度），能够在作战运行条件下有效行动；
>
> 解决了作战铁路导弹综合系统如何在苏联交通部线路（苏联普通铁路线路）上运行的问题；
>
> 将多个系统整合进了统一的综合系统；
>
> 解决了如何保卫和防护作战铁路导弹综合系统的问题；
>
> 解决了作战铁路导弹综合系统乘员的生活保障问题；
>
> 研制出了作战铁路导弹综合系统的运作体系。

其中，特种机器制造设计局（列宁格勒第 34 中央机械制造设计局）是作战铁路导弹综合系统列车平台和导弹发射装置的主要研发机构。它研制出的列车平台由三个导弹发射单元（每个发射单元由三节车厢构成）和指挥单元组成，看上去和普通列车并没有什么差别，一

在线路上运行的作战铁路导弹综合系统

部分车厢（包括发射单元在内）十分像冷藏车厢，而另一部分十分像客运车厢和邮政车厢。列车平台由三台标准内燃机车牵引。

在发射装置车厢中，导弹储存在运输发射容器内，运输发射容器配有恒温调节系统和进行导弹发射准备、执行发射程序的设备。发射装置（车厢）的顶盖在进行技术操作时（填装导弹、安装或拆卸弹头）和发射时（竖起运输发射容器）可以打开。

在研制作战铁路导弹综合系统列车平台期间，一个最重要的任务是将发射车厢各轴上的载重数值降低到允许范围内。发射装置加上运输发射容器内的导弹，质量超过200吨，轴数合适时，每个轴的载重又都超出了限制范围。苏联技术人员解决这个问题的办法是利用特殊装置将部分负荷转嫁到前后相邻的车厢上，同时适当增加车厢的轴数，采用两个四轴转向架而非通常的两个两轴转向架来承载车厢。这种将负荷转嫁到相邻车厢以减少车轴载重的做法，曾在重型铁道炮上出现过。

作战铁路导弹综合系统的发射装置（车厢）（出自削减战略武器谈判材料）

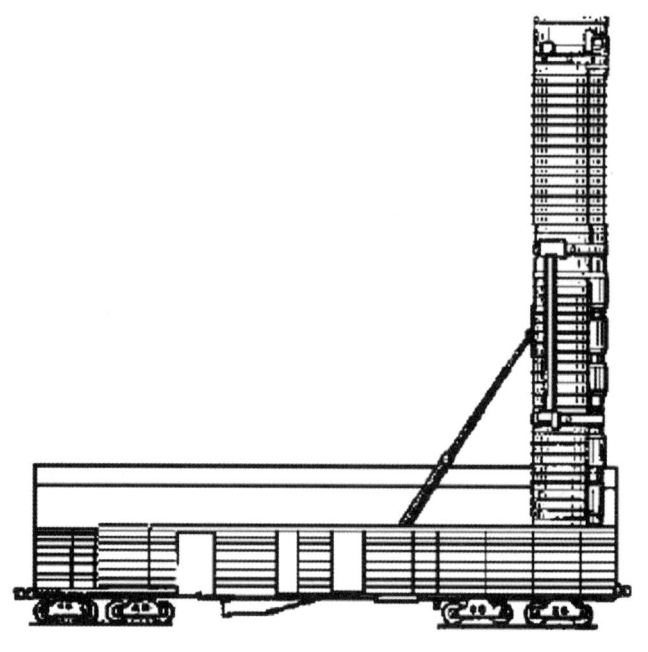

发射装置（车厢）打开顶盖，升起导弹运输发射容器后的状态

三车厢车组的承力元件被隐藏在车厢间的过渡位置。然而即便是采取了这样复杂的措施,各车轴的载重还是接近允许的最大限度。为了确保作战铁路导弹综合系统能够在部分路段运行,苏联方面对铁路路基和桥梁进行了加固。三车厢组成的发射单元车组在正常运行时不会被分开。

在需要发射时,作战铁路导弹综合系统首先停车。然后特殊的拨开装置将电力接触网拨到列车一旁,发射车厢配属的侧面支座和瞄准系统元件会伸出。之后车厢顶盖将打开,导弹运输发射容器在带有火药蓄压器的气动驱动器帮助下竖立起来。最后导弹以"迫击炮"方式发射升空。

在导弹发射过程中如何保持发射车厢的稳定,并不是件小事。由于铁路轨道相对狭窄,运输发射容器竖起后,得到的很可能是一个十分不稳定的结构。要知道,运输发射容器本身就长 22 米,直径近 3 米,加上导弹后重量大大超过 100 吨。此外,在导弹升空时,导弹发动机的射流还会"淹没"掉车厢及整个列车。针对上述问题,苏联技术人员采取了两个解决办法。首先是为车厢配备伸缩式支座(承力外伸支架),这种支座可以从车厢侧面伸出,然后支撑在铁路陆基上。类似的装置在过去的重型铁道炮上也曾使用。其次是让导弹在发射时倾斜偏摆。导弹以"迫击炮"方式被弹出运输发射容器后,导弹尾罩(可断开底座)上的小型固体推进剂发动机点火,使弹体倾斜。而后烟火装置将尾罩切断,小型固体推进剂发动机带着尾罩飞离而去。最后,导弹才启动第一级主发动机,让射流避开车厢。

导弹的发射装置是一节载重量 135 吨的八轴车厢,长 23.6 米,苏联技术人员一度还想把它做小些,但未能如愿。

为了让作战铁路导弹综合系统能够在电气化铁路路段上发射,苏联技术人员设计了一个十分复杂的电力接触网短路和拨开系统。当时,苏联许多铁路路段都已经由电力机车负责牵引,电力接触网短路和拨开系统对于"随时随地发射"而言是必不可少的。

在作战铁路导弹综合系统上既配备了常用通信系统，也配备了专门的作战指挥系统。乘员的工作、居住条件和潜艇上相似，有包房、食品库房、耗材库房、厨房和食堂，旨在满足长期封闭空间内值班的需要。战备值班工位在设计上则类似于发射井综合系统的工位。

15П961（РТ-23УТТХ）作战铁路导弹综合系统由三个发射单元、一个指挥单元（起导弹团指挥所功能）和三台ДМ62内燃机车组成。

每个发射单元有三节车厢，其中包括：布置有柴油发电机组、供电系统和燃油空气换热器、液压设备、电力接触网短路与拨开装置，以及消防系统的技术设备车厢；装载有运输发射容器和导弹、起重臂、液压起重机以及仪器平台的发射装置车厢；布置有控制系统设备、作战指挥系统设备、通信系统设备、导航系统设备以及短路系统设备的发射装置控制站车厢，控制站车厢还分为常用舱室和专用舱室。根据任务需要，单个发射单元加挂一台内燃机车并安排好值班乘员后，也可单独出发进行战备值班。发射单元的各个车厢没有相互贯通，也不能相互脱钩。

指挥单元包括众多车厢，其中包括：拥有作战指挥舱室、通信舱室和系统控制舱室的导弹团指挥所车厢；无线电发射中心车厢；柴油发电站车厢（在行进和停留期间作为主要电源）；燃料储备罐车厢，它通过管道，跟综合系统的所有柴油设备相连；拥有储备食品冷藏室和饮用水储备罐的自持储备车厢，在这个车厢上还规划有备份器材储存点；食堂车厢；指挥人员宿舍车厢；乘员宿舍车厢。指挥单元的所有车厢都是贯通的，在必要时可以脱钩。

整个列车由三台内燃机车车组牵引或推动，只有在发射单元"分开运行"时才会脱钩。每台内燃机车上都有一个乘务组值班，首台机车的乘务组有两名军官，第二、第三台机车的乘务组有两名士兵。在培养乘务组军官时，培训对象会被定期调派到苏联交通部的民用列车上，从而具体熟悉作战铁路导弹综合系统也会通过的路线。整个作战铁路导弹综合系统列车的总重不超过 2 500 吨，作为对比，苏联/俄罗斯铁路网上中型货运列车的总重在 3 500 吨至 6 000 吨之间。

ДМ62 单节式内燃机车是专门为作战铁路导弹综合系统设计的，由伏罗希洛夫格勒机车厂（如今的卢甘斯克机车厂）制造。它以 20 世纪 60 年代中期开发的 M62 内燃机车为基础改进而来。M62 内燃机车在苏联和其他国家被广泛使用，这种驰名的内燃机车装有 2 000 马力柴油机，重 116 吨，每轴载重 19.3 吨。

ДМ62 内燃机车与原型 M62 内燃机车的差别在于，多出了许多提高可靠性和生存性的措施，改用了无导框转向架、块状缓冲梁标志灯，更改了通信系统箱位置，排障器（除雪器）从固定式变成了可调式，配备了能在一个工位上控制几个机车的系统，安装了滤毒通风系统，让乘务人员能够接上防毒面具呼吸。为了遮蔽柴油机房和过道的窗户，还安装了遮光板（灯光管制挡板）。

与 ДМ62 内燃机车在设计上相似的有 3М62П 三机重联内燃机车，它行驶在苏联的各个航天发射场上，将一枚枚运载火箭送往发射台。

共有 154 台 ДМ62 内燃机车被生产出来，它们通常作为作战铁路导弹综合系统的组成部分运行三年后，就会被移交给民用铁路部门和工业企业使用。后来，在作战铁路导弹综合系统被裁撤拆解后，所有的 ДМ62 内燃机车都转入了民用领域。

特种机器制造设计局（列宁格勒第 34 中央机械制造设计局）作为作战铁路导弹综合系统列车平台和导弹发射装置的主要研发机构，在以往与"南方"设计局合作编制铁路导弹综合系统的各个方案时就已经积累了大量经验，并在开发 РТ-23、РТ-23УТТХ 综合系统期间运用了其早期研制铁道炮系统时掌握的成熟技术。设计局负责人是

作战铁路导弹综合系统列车车厢间的负荷转嫁装置

作战铁路导弹综合系统列车车厢的伸缩式支座（承力外伸支架）

第六章 陆地巡洋舰 95

作战铁路导弹综合系统列车车厢的电力
接触网短路和拨开装置

С. П.科瓦利斯（С. П. Ковалис），总设计师是 А. Ф.乌特金（А. Ф. Уткин）。值得一提的是，А. Ф.乌特金是"南方"设计局总设计师 В. Ф.乌特金的兄弟，两人的兄弟情义在作战铁路导弹综合系统的研制工作中起了十分积极的作用，但即使是亲兄弟，也没有任何"网开一面"与特殊待遇，在工作出现滞后时，特种机器制造设计局同其他机构一样受到了斥责。

特种机器制造设计局（列宁格勒第 34 中央机械制造设计局）的主要协作机构，有隶属于苏联重型机器制造工业部的加里宁（现特维

工厂中正被吊装进发射装置（车厢）的导弹运输发射容器

在技术维护设施中的作战铁路导弹综合系统发射装置（车厢）。照片中车厢顶盖已打开，露出装有导弹的运输发射容器。

尔）中央重型机械制造设计局，隶属于苏联通用机械制造部的重型机械制造设计局、化工运输机械制造设计局以及"探照灯"工厂设计局。

作战铁路导弹综合系统列车平台和导弹发射装置的主要生产企业，有负责发射单元制造和作战铁路导弹综合系统编组的尤尔加机械制造厂，以及负责指挥单元和指挥所制造的"布尔什维克"工厂。

第七章 飞 行 试 验
——国家试验委员会

1981年12月，苏联政府决定成立国家委员会，对РТ-23综合系统和15Ж44、15Ж52导弹进行国家飞行试验（这一机构后来持续运作，还对РТ-23УТТХ综合系统和15Ж60、15Ж61进行了国家试验）。苏联战略火箭军副司令 Г. М. 马林诺夫斯基被任命为该委员会主席，苏联通用机械制造部副部长 А. С. 马特列宁（А. С. Матренин）和"南方"设计局总设计师 В. Ф. 乌特金被任命为委员会副主席。上述三人在РТ-23、РТ-23УТТХ综合系统的研制工作中发挥了很大作用，他们相互信任，紧密配合，克服了前进道路上的大量障碍，以丰富的专业经验排除各种困难，避免项目走入死胡同。作为国家委员会的领导层，他们有着政府决议和国家事务优先权，但也要处理各种问题，面对来自外界不公正的诟病，他们随时要为自己的决定作辩护。

国家委员会中还有来自苏联工业界和国防部的多名重要专家。他们同委员会的领导层一起全方位审查综合系统，确定优化工作是否全面完成，性能是否已经达到既定要求。国家委员会的工作，尤其是委员会主席的工作，大部分在各个企业中进行，旨在彻底弄清和解决涉及导弹综合系统的技术热点问题。国家委员会成员不仅会接触企业管理人员，还会跟负责具体问题的企业专家和工作人员接触。国家委员会的主要会议通常于临近试射时在试验靶场上举行。

国家委员会决定一次试射的日期会考虑到多种因素，如上一级指示文件规定的最后期限、前一次试射的结果、已发现问题的解决状况，以及导弹和地面综合系统的准备程度、普列谢茨克试验靶场的准

"南方"设计局总设计师 В. Ф. 乌特金

备程度，等等。在直接发射前，委员会会发起并组织一系列演习，由试验场和企业的专家具体落实这项大规模工作。

在国家委员会举行会议前，相关机构需要呈交关于导弹综合系统准备情况、各类试验及试验结果的书面总结报告。会议遵循既定的程序，由委员会主席主持，不允许有长篇大论，由负责相应问题的人简短发言。会议接近尾声时，委员会听取主要研究机构（中央机器制造科学研究所和国防部第4科学研究所）得出的结论，并综合所有报告和呈交文件的内容做出决定，最后由委员会全体成员或授权代理人签字确认。在会议厅里，每个军工企业、军事单位都有自己的位置，无特殊情况不会改变，只有负责人（专人）能够出席会议，不允许闲谈或随意走动。在任何技术问题上,委员会都会听取试验靶场工作负责人和"南方"设计局技术领导层副职(其中就包括时任"南方"设计局第一副总设计师,后来成为乌克兰总统的库奇马)的看法,他们在会议之外负责日常管理工作。

国家委员会十分注重试射的保密性:在导弹前几次试射时会认真调查确认一些问题,如烧掉的导弹第二级壳体会不会落到北冰洋,落到海里后会不会被美国人偷走之类;甚至要求参会的众多负责人立即让配用车辆驶离会议地点,以防美国卫星侦察到车辆聚集,进而发现苏联方面即将开始试射。而在会议上,在报告完导弹和所有单位的准备情况后,会宣布美国的侦察船已经出现在目标区域(位于堪察加半岛的库拉靶场),正漂流着等待导弹试射,美国的"猎户座"侦察机也已飞抵同一区域,正在空中盘旋;在导弹试射时,只有严格指定的人员才能待在指挥部,气氛十分严肃。在试射前 30 分钟,还会召开一次短会。试射由试验靶场负责人主持,指挥室内只有战斗班组、国家委员会主席和他的副手们,其他领导人员和专家都待在隔壁房间,那里有一切所需的东西,也可以听到关于试射准备和导弹飞行状况的报告。

对于那些负责阶段性运行设备和系统开发工作的人而言,事情要容易一些,在导弹某个飞行阶段结束后,他们就轻松了。而对于那些要对导弹和综合系统负总责的人,不到最后一刻是没法松口气的,他们听着情况报告,随时准备投入形势分析中。每个人都在等待战斗部飞临库拉靶场的消息。

第八章 优化和改进
——PT-23УТТХ 综合系统与 15Ж60、15Ж61 导弹

当 PT-23 综合系统尚处在研究阶段时，苏联军方就已经明确，须对其持续改进。导弹采用固定发射井时，导弹的性能，尤其是稳定性（强度）没有达到军方的预期。作战铁路导弹综合系统的设备也未能达到最理想状态。因此，战略火箭军坚决要求提高 PT-23 综合系统的性能。

以 PT-23 综合系统研制多套综合系统的任务，在项目初期就由苏联政府 1979 年 6 月 1 日的第 514-175 号决议予以确定，这项任务跟 PT-23 综合系统的研究工作、PT-23 导弹性能的改进工作同时进行。按照决议计划，"南方"设计局负责发射井综合系统和铁路机动综合系统的研制，莫斯科热工学院负责公路机动综合系统的研制。当时的设想是，研制一种可用于所有类型综合系统的通用型导弹。

为了提高 PT-23 综合系统的性能，苏联方面付出了大量心血。苏联通用机械制造部和"南方"设计局制订了详细计划，所有工作都必须在极短的期限内完成，涉及苏联多个部门、众多机构，这些工作包括：

对导弹控制机构进行进一步研究，包括研究主发动机摆动控制喷管；

采用新的先进燃料；

提高有机纤维增强塑料的单位强度（有机纤维增强塑料用于缠绕发动外壳）；

研究碳-碳复合材料结构元件；

优化控制系统性能，提高控制系统面对核爆毁伤因素的稳定性（强度）。

苏联方面认为，提高导弹稳定性（强度）是最为重要的事，导弹必须能够在飞行的任意阶段都经受住核爆毁伤因素带来的影响。不过这意味着导弹质量将会增加，又与加大导弹射程的要求相抵触。

将计划与其落实协调一致，需要巨大的力量。但真正起推动作用的是那些负责重要工作的专家们和领导人员的觉悟，有时他们不得不做出艰难的抉择。

"南方"设计局制订出的计划经总设计师委员会审议通过后，于1979年12月27日最终形成了军事工业委员会第339号决议，它的内容包括《25个探讨问题》。决议规定，于1982年的第四季度出具战术技术性能改进型（УТТХ）综合系统草案，于1984年的第四季度开始导弹飞行试验。

苏联战略火箭军也据此提出了新的战术技术要求，用以研制可采用三种方式发射的改进型综合系统。围绕上述战术技术要求，工业企业的专家们同战略火箭军导弹装备总局、导弹装备操作总局的军官们进行了大量讨论。导弹装备总局和导弹装备操作总局中，苏联导弹领域最富有经验的将军和军官一起开展工作，并且他们有国防部第4中央科学研究所的专家协助。

然而局面要比想象的复杂得多。"南方"设计局总设计师委员会审视了1980年至1982年所做的工作后不得不承认，若要完全实现新的要求，只能通过大幅加强基础导弹的动力来实现（需在原来基础上提高30％）。为此必需的工作量，外加还需协调生产3Д65发动机、15Ж44及15Ж52导弹的各个相关企业，会延长РТ-23УТТХ综合系统和配套导弹的研制时间达数年之久。若要保证在规定期限内准备好导弹，并开始飞行试验，只能是在РТ-23综合系统和15Ж44、

15Ж52导弹现状的基础上，不断提高导弹的性能水平（其中提高导弹的稳定性［强度］是首要事项），优化导弹部件、元件的总体性能，采用新型燃料。

让气氛些许缓和的是，战略火箭军认为机动式综合系统受到直接打击的可能性更小（相较于坐标明确的固定发射井型综合系统），故允许它们可以不具备那么高的稳定性（强度）。

苏联国家机关领导人和"南方"设计局总设计师 В. Ф.乌特金做出分阶段提高导弹性能的决定是艰难的。军方对于先列装 РТ-23 系统随后在实践中改进性能的建议并不热衷。这项建议实际上是变相承认 РТ-23 综合系统的导弹在一段时间内在部分性能上不如美国的 МХ 导弹，而只有在 РТ-23УТТХ 综合系统上，性能才会达到所要求的水平。苏联通用机械制造部部长 С. А.阿法纳西耶夫（С. А. Афанасьев）为此去见了苏联国防部长乌斯季诺夫，结果令他感到沮丧。乌斯季诺夫作为苏共中央政治局委员、国防部长，态度极其严厉，他无法接受下级没有完成自己要求的行为。然而，再没有其他真正有效的办法能够在指定时间内研制出符合性能要求的综合系统。

РТ-23УТТХ 综合系统配用导弹的设计草案于 1982 年 11 月发布，当时 РТ-23 综合系统的 15Ж44 导弹已经进行了两次试射，这预示着该设计草案将成为新通用导弹的"根基"。为了按时完成设计草案的研究、分析和审查工作，"南方"设计局与战略火箭军各个总局密切合作，没有因为在准备工作中让材料出现"断档"而白白浪费时间。国家订货方（战略火箭军）按照接收程序审议并通过了设计草案，随后按照既定程序出具结论，"南方"设计局则整理制订出意见清单，并在征得工业界和国家订货方（战略火箭军）的同意后，编制出了意见实施专门计划（在计划实施期间会随时进行检查和反馈）。之后就马上进入其他层面的连续审查，直至政府决议正式形成。

1983 年 8 月 9 日，苏联政府发布关于研制 РТ-23УТТХ 综合系统的第 768-247 号决议，其中规定综合系统配备通用导弹，采用铁路机动发射、公路机动发射和发射井三种发射方式，项目代号为"勇士"（Молодец）。同年 11 月，苏联国防部、通用机械制造部、国防工业部和机器制造部联名发布决议，明确了通用导弹研制工作的完成期限。

按照上述决议，铁路平台原本不应是 PT-23УТТХ 综合系统的唯一载体。在苏联，所有人都对莫斯科热力工程研究所在公路机动综合系统上所做的工作充满着敬意。然而令人意想不到的是，国家订货方从决议草案商讨阶段开始就十分反对为 PT-23УТТХ 综合系统研制公路平台。

PT-23УТТХ 综合系统的公路平台（"处女地"公路机动综合系统）由明斯克汽车厂负责研制。那里从 20 世纪 80 年代开始就进行着 PT-23УТТХ 综合系统发射装置底盘的相关工作。所谓的底盘其实是一辆巨大的 МАЗ-7904 六轴车，载重量约为 220 吨。它的布局和明斯克汽车厂通常的导弹运载车辆相似，但体量要大得多，配有 12 个直径为 2.8 米的车轮。仅有的一辆 МАЗ-7904 原型车经过工厂试验后，于 1984 年 1 月通过专列运送到了位于中亚的拜科努尔。然而在野外测试中发现，由于每个车轮上的负荷高达 30 吨，车辆的通过性有限。并且更为麻烦的是，车辆会在地面上留下明显痕迹，从根本上违背了隐蔽原则，敌人的侦察卫星可以清楚地看到这些痕迹。随后 МАЗ-7904 的工作就终止了，原型车被遗弃在了拜科努尔。

明斯克汽车厂为 PT-23УТТХ 综合系统准备的下一个底盘是八轴的 МАЗ-7906，它在很多方面和 МАЗ-7904 类似，但尺寸和载重量更小。该厂还为 PT-23УТТХ 综合系统制造出了独特的 МАЗ-7907 底盘，它装有燃气轮机、电传动装置和 24 个主动轮。这两种车辆的工作都是在"处女地-2"公路机动综合系统课题下进行的。

总之，由于轮式底盘的轴负荷很高，存在通过性和轨迹隐蔽问题，最终被放弃。对于公路平台来说，PT-23УТТХ 综合系统还是太大太重了。

不过在 PT-23УТТХ 综合系统项目中，"南方"设计局同莫斯科热力工程研究所的合作要广泛得多，远不止公路平台这样的程度。在"南方"设计局开发的第一级 15Д206 发动机因其吹气系统问题不断时，莫斯科热力工程研究所就参与了 PT-23УТТХ 综合系统项目。莫斯科热力工程研究所的专家当时已有与固体推进剂综合系统相关的多年工作经验，对于导弹的最佳外形，他们认为，导弹各级的发动机可以使用摆动控制喷管，分导级可采用固体推进剂发动机装置；此外还认为，有必要增加第一级药柱的质量，以摆脱源自 3Д65 发动机的规定通用尺寸。实际上，这已经是在表达要研制一种截然不同的新导弹出来。

在编制 PT-23УТТХ 综合系统的设计草案时，"南方"设计局和莫斯科热力工程研究所的设计人员十分仔细地比较了双方的方案。原本存在竞争关系的两家机构人员，在这项工作中建立起了富有成效的友好合作关系，这在当时是不常见的，双方在工作过程中分享经验、共享资料、商讨技术解决方案。

对比工作十分彻底，对每一项都进行了评估，看是否能在性能上带来提升。PT-23УТТХ 综合系统设计草案的头一卷，是由 В. Ф. 乌特金和 А. Д. 纳季拉泽共同签署的。在这一卷中，设计师们得出的结论是，在导弹各级都安装摆动喷管所带来的益处微不足道，也就是多出 50 千克有效载荷的样子，而分导级采用固体推进剂发动机装置会让有效载荷量减少 400 千克，从作战效能上来看是完全无法接受的。

此时，采用弹头舱室偏摆控制和液体推进剂分导级发动机的 15Ж44 导弹已经试射升空过，于是在 PT-23УТТХ 井射综合系统的 15Ж60 导弹上，只有第一级主发动机飞行控制部分发生了根本性变化。不再采用吹气系统，而改为使用由"南方"设计局独立开发的摆动控制喷管，中央多位摆动控制喷管（推力矢量控制机构）有一部分潜入发动机燃烧室，在控制喷管的亚音速部分有碳-碳复合材料制成的连接装置，并以弹性支承铰链作为喷管摆动部分的悬架。还通过专门的结构措施大大加强了导弹面对核爆毁伤因素时的稳定性（强度）。导弹的其他一些性能也得到了提升。而对于РТ-23УТТХ作战铁路导弹综合系统的15Ж61导弹而言，发射后的稳定性（强度）并不是那么关键（稳定性［强度］达到一级水平即可），所以第一级发动机保留了吹气方案。

为此，"南方"设计局在战略火箭军面前进行了大量解释工作，阐明了15Ж60、15Ж61导弹工作条件的差异；同时提出应当根据不同的发射方式，允许一型导弹的变体在稳定性（强度）上存在差异，采用不同的电路结构解决方案。

15Ж60和15Ж61导弹的发动机装置是在现成的协作框架内（在研制15Ж44和15Ж52导弹时就已经建立起来）进行开发的。由于15Ж61导弹要赶在最后期限前尽快完成，它使用的是15Ж52导弹上经过验证的方案。而15Ж60导弹由于必须要具备最高水平的稳定性（强度）去克服核爆毁伤因素，它需要的是更加深入的改进措施，相应地，耗费的时间就更长。15Ж60导弹的固体推进剂发动机稳定性（强度）需达到二级水平，是按照对功重比、控制力数值和防护程度的更高要求来加强的——前两个要求主要针对第一级的新15Д305发动机，后一个主要针对第二级的新15Д339发动机和第三级的新15Д291发动机。

15Ж61导弹的第一级发动机使用Т9-БК-8Э混合固体推进剂药柱，而15Ж60导弹第一级的15Д305发动机使用"阿尔泰"科研生产联合体开发的ОПАЛ混合固体推进剂药柱。后一种药柱有星形内孔，并与发动机壳体紧密结合。ОПАЛ推进剂中添加了环四甲撑四硝胺（烈性奥克托金炸药），比Т9-БК-8Э推进剂具有更高能量，让发动机燃烧室的压力达到了100千克力/平方厘米，为原先的1.4—1.5倍。

15Ж60 和 15Ж61 导弹的第二级和第三级发动机都采用了基于 АДНА 无氯氧化剂（即 ADN 无氯氧化剂）的第三代和第四代高效推进剂来提高动力性能，在推进剂配方中首次采用氢化铝作为高能燃料，相比此前采用高氯酸铵作为氧化剂的燃料，比冲增加了 100—120 米/秒。发明和应用无毒、高能量的 АДНА 氧化剂，是苏联高等院校、科学院各研究所和工业领域各研究所通力协作下取得的重大成就，在导弹推进剂动力性能上为苏联争得了一定优势。

15Ж60 和 15Ж61 导弹的第二级分别使用新型的 15Д339 和 15Д290 发动机，取代了此前的 15Д207 发动机，两种发动机性能相近，均采用柳别尔齐"联盟"科研生产联合体开发的新型 Старт 固体推进剂药柱，这种推进剂让发动机的比冲增加了 6—9 秒，推进剂药柱内孔呈圆柱-锥形，像一把收起的伞。不过 15Ж60 导弹的第二级壳体上还另有专门的多功能保护层，这是一种能够抵消泥土粗大颗粒冲击影响（地面核爆产生）和吸收电离辐射（高空核爆产生）的双组分材料。

两型导弹的第三级安装的均是"火花"科研生产联合体开发的新型 15Д291 发动机。它取代了此前的 15Д208 发动机，采用柳别尔齐"联盟"科研生产联合体开发的新型 АП-65 固体推进剂药柱，只是 15Ж60 导弹的第三级壳体上还另有专门的多功能保护层。

表 2　PT-23 和 PT-23УТТХ 导弹综合系统配用导弹
第一级、第二级发动机性能数据一览表

性　　能	第一级发动机			第二级发动机		
	3Д65	15Д206	15Д305	15Д207	15Д290	15Д339
导弹型号	3М65	15Ж44、15Ж52、15Ж61	15Ж60	15Ж44、15Ж52	15Ж61	15Ж60

续表

性　　能	第一级发动机			第二级发动机		
	3Д65	15Д206	15Д305	15Д207	15Д290	15Д339
药柱开发方	"阿尔泰"科研生产联合体	"阿尔泰"科研生产联合体	"阿尔泰"科研生产联合体	"联盟"科研生产联合体	"联盟"科研生产联合体	"联盟"科研生产联合体
组装企业	巴甫洛格勒机械厂						
地面推力（吨[力]）	182.7	215	238.46	—	—	—
真空推力（吨[力]）	205.8	238	310.8	144	145.7	147.3
地面推力比冲（吨[力]）	243	242.5	255.4	—	—	—
真空推力比冲（吨[力]）	274	272.2	280	291.2	297.5	296.6
固体推进剂药柱质量（吨）	48.1	48.1	47.85	31	29.9	29.9
配套发动机质量（吨）	52.68	52.45	51.57	33.2	32	32.05
工作时间（秒）	76	66.4	51.67	65.6	63.5	62.6
燃烧室额定压力（千克力/平方厘米）	65.1	70	97	64.5	64.6	64.6
混合固体推进剂牌号	Т9-БК-8Э	ОПАЛ	ОПАЛ	СТАРТ	СТАРТ
壳体直径（米）	2.43	2.43	2.415	2.4	2.4	2.424
喷管临界截面直径（毫米）	479	500	476	396	396	396

续表

性　　能	第一级发动机			第二级发动机		
	3Д65	15Д206	15Д305	15Д207	15Д290	15Д339
喷管临界截面喉衬的材料	ВНДС、АВМГ钨合金	碳-碳复合材料				
推力矢量控制方式	吹气控制	吹气控制	中央摆动喷管控制	固定喷管，弹头偏摆控制		

在研制15Ж60和15Ж61导弹期间，一项重要的任务是为它们开发出性能更加优越的控制系统。苏联军事工业委员会在1982年就做出了研制耐核爆毁伤因素影响电子元件的决议，范围涵盖超大规模集成电路、晶体管和电容器。苏联600多个科学研究所、设计局和高等院校参与这项工作。为了满足国家订货方对于15Ж60和15Ж61导弹控制系统战备完好率、弹着点准确度、面对核爆毁伤因素的稳定性（强度）和连续工作寿命的严格要求，苏联技术人员开发出了精度性能得到提升的控制陀螺仪、效率更高和稳定性（强度）更强的"小花玻璃珠-3"（Бисер‐3）弹载数字计算综合设备，实现了陀螺稳定平台控制元件自主测定方位（角），在针对控制系统的专项计划框架下，为弹载数字计算综合设备开发出了抗辐射元件基础和大规模集成电路。1985年，军事工业委员会在会议上确认，苏联已经拥有了耐核爆毁伤因素影响的电子技术产品。

15Ж60导弹达到二级水平稳定性（强度）的控制系统由哈尔科夫"Хартрон"科研生产联合体开发，总设计师В. Г.谢尔盖耶夫（В. Г. Сергеев）和Я. Е.艾森贝格（Я. Е. Айзенберг）在控制系统中应用了电路-算法保护，使控制系统的设备能够免受核爆伽马射线影响。

苏联技术人员在15Ж60和15Ж61导弹的控制系统上取得以下几

个成果：

  计算机中的信息受到核爆毁伤因素影响后，信息可以从磁盘存储器上重写回操作存储器进行恢复；
  实现了终端制导原则；
  应用了稳定性（强度）得到提高的耐核爆毁伤因素影响元件基础（15Ж61导弹达到一级水平，15Ж60导弹达到二级水平）；
  15Ж60导弹进行战备值班时，控制仪器随时运作；
  与"信号-A"（Сигнал-A）战斗指挥系统建立了连接。

  自动化技术和仪表制造科学研究所的专家也对控制系统进行了认真改进，他们开发出的设备能让PT-23УТТХ作战铁路导弹综合系统在线路上任意一点发射导弹。在PT-23УТТХ作战铁路导弹综合系统上出现了很多大变化，使作战效能大幅提高，不少系统是此前没来得及装上PT-23作战铁路导弹综合系统的，例如无线电控制和宇宙通信信道设备、导航系统，以及确保能够在电气化路段上进行发射的电力接触网短路和拨开系统。PT-23УТТХ作战铁路导弹综合系统能够在线路上任意一处进行飞行任务计算，以便在任何允许的地点实施发射，它安装有多信道信息接收和传输通信系统，能够"化整为零"，分散成独立的作战单元。

  1984年4月，苏联国防部发布了修订后的PT-23УТТХ综合系统配用导弹战术技术性能指标，其中已明确表示，在开发一种导弹时要考虑到综合系统变体的具体操作和应用特点。而在此之前，"南方"设计局就已经发布了导弹的设计文件，并在为发动机更换新燃料。

  1984年11月，苏联方面发布了关于飞行试验准备情况的最终评估报告。

  1985年2月27日，15Ж61导弹首次在PT-23УТТХ作战铁路导

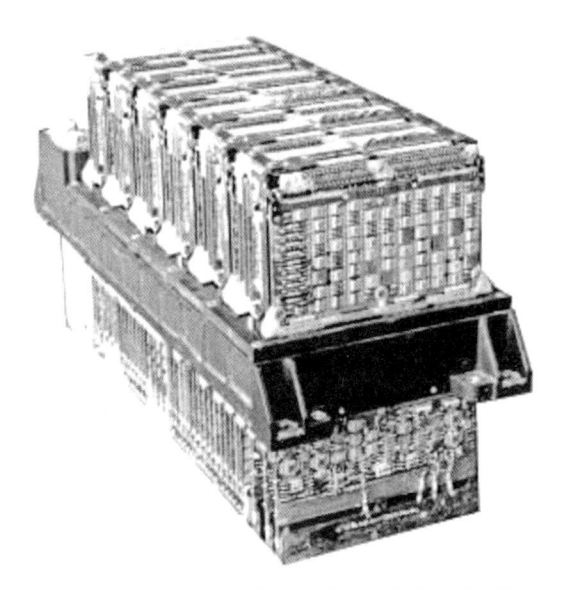

**15Ж60、15Ж61 导弹使用的 "小花玻璃珠-3"
弹载数字计算综合设备**

弹综合系统上进行试射（第 53 科学研究试验靶场［普列谢茨克］），取得了成功。这次试射甚至赶在了 PT-23 作战铁路导弹综合系统试射结束之前。

但 1985 年 4 月 25 日的第二次试射，却由于导弹第一级的 15Д289 发动机发生故障而失败。这对于 "南方" 设计局是一次非常痛苦的打击，毕竟 15Д289 发动机此前经过了八次成功的点火试验后才被批准进入飞行试验。查找事故原因和消除事故隐患，需要再进行大量的研究和试验台测试，然而已经没有时间。在这种情况下，"南方" 设计局决定回到先前 15Ж44 和 15Ж52 导弹使用的 15Д206 发动机上，只是这种发动机的动力性能略低。

为了弥补回导弹在动力上的损失，导弹系统和设备的开发者们动用了一切后备力量，完成了大量紧急工作，在提高发动机推力的同时降低了各类设备的重量，最终让导弹的动力性能恢复到了应有水平。

1985年9月，飞行试验在暂停了五个月之后重启。当月26日，第三次试射取得成功，而后续试射也均告成功。15Ж61导弹在整个国家飞行试验期间共进行了16次试射，其中10次是例行飞行测试，6次是抽检量产导弹，以摸清РТ-23УТТХ作战铁路导弹综合系统的性能和导弹批量生产的状况到底如何。

15Ж61导弹的飞行试验于1987年12月结束，除第二次试射发生事故外，所有既定任务都在其余的试射中完成，其中一枚15Ж61导弹按最大射程发射到了"水域"靶场。"水域"靶场实质上是大洋中的一块寻常区域，只不过导弹的"最后部分"会落到那里，以完成最大射程测试。"水域"靶场位于夏威夷群岛附近，苏联方面会在试射前通知船只和飞机暂勿进入。对于运载火箭分离部分和航天器脱离轨道后的落入区域，苏联方面也采取同样的办法。

后来，15Ж61导弹在1998年和1999年还分别进行过两次检验发射，也取得了成功。

飞行试验过后，苏联方面还对РТ-23УТТХ作战铁路导弹综合系统进行了其他一系列试验，以明确它是否已经到达了既定的战术技术要求。这些试验包括，穿透性辐射和X射线影响试验、电磁脉冲影响试验、泥土粗大颗粒冲击试验、空气冲击波的力学和热影响试验以及大规模综合试验等等。在大规模综合试验中，测试了核爆毁伤因素在导弹主发动机、控制系统处于运作时对分导级、发射装置等造成的影响。

1988年，在塞米巴拉金斯克试验场成功进行了针对РТ-23УТТХ作战铁路导弹综合系统的"光辉"电磁辐射影响专门试验和"雷暴"避雷专门试验。

1991年2月27日，在普列谢茨克，针对铁路导弹发射装置进行

15Ж60 和 15Ж61 导弹均配备 10 枚 15Ф444 战斗部（每枚当量 43 万吨），并可根据需要将部分战斗部更换为突防装置或诱饵，最大射程上（10 000 千米）的圆周公算偏差不超过 500 米

了核爆炸冲击波影响模拟试验，引爆了约 1 000 吨炸药。第一个安装有指挥所，装载有导弹电气样弹的发射装置被安排在距离爆心 850 米的位置；第二个发射装置则被安排在距离爆心 450 米的位置，以端面朝向爆心。炸药起爆后制造出了一个直径 100 米、深 10 米的大坑，冲击波一度"打乱了"发射装置的准备状态，但很快它就重新准备就绪，并进行了"干发射"。

在各项针对作战铁路导弹综合系统的试验当中，运输试验具有特殊的地位。在试验期间，共进行了 18 次列车运输和寿命试车，行驶里程超过 40 万千米。试验是在苏联不同的气候区进行的，从北方的萨列哈尔德到南方的查尔朱，从西边的切列波韦茨到东边的赤塔。为了实实在在地评估作战铁路导弹综合系统的耐用性和运行性能，共建造了四列试验性列车：

Π-150 列车，由两节专用车厢组成，运行于苏联交通部线路上，用于在真实运动中检验无线电电子设备在冲击振动负荷条件下的运行能力；

Π-250 列车，用于 15Π252 作战铁路导弹综合系统原型机（РТ-23 作战铁路导弹综合系统原型机）运输试验；

Π-400 列车，用于 15Π261（15Π961）作战铁路导弹综合系统（РТ-23УТТХ 作战铁路导弹综合系统）运输试验；

Π-450 列车，用于 15Π261（15Π961）作战铁路导弹综合系统（РТ-23УТТХ 作战铁路导弹综合系统）的寿命试验和气候试验，评估作战铁路导弹综合系统的可识别性。

在运输试验中，苏联技术人员曾将一枚导弹填装进发射单元，送到 5 000 千米以外去进行发射，结果没有出现任何问题。

为了确认导弹发射时铁路路基的承载能力（对于作战铁路导弹综合系统而言是一个十分重要的参数），特种机器制造设计局用四轴转向架制造了一种试验台（试验支架），在上面装上了固体推进剂火箭发动机，从上向下施加推力。

РТ-23УТТХ 作战铁路导弹综合系统和配用的 15Ж61 导弹于 1989 年 11 月正式列装，而在此之前，一部分作战铁路导弹综合系统已经在执行着战备值班。技术人员创造出了高效的导弹综合系统，保障了战略火箭军集群发起反击所需的生存性。

РТ-23УТТХ 发射井综合系统和配用的 15Ж60 导弹的飞行试验，也是在普列谢茨克科学研究试验靶场进行的。苏联方面为此建造了四个代号分别为"南方-1""南方-2""明亮-1""明亮-2"（Южная-1、

Южная-2、Светлая-1、Светлая-2）的发射装置。发射装置的位置经过特意规划，能够确保按任意射程试射时，导弹的第一级都会坠落在划分出的区域内。"南方-1"和"南方-2"发射装置于1986年启用，"明亮-1"和"明亮-2"发射装置则分别于1987年和1988年启用。从"南方-1""南方-2"和"明亮-2"发射装置中均有导弹升空过，但"明亮-1"发射装置从未进行过真正的发射，它被用于执行特殊项目，优化导弹综合系统的某些元件。

1986年7月31日，第一枚15Ж60导弹从"南方-1"发射装置中试射成功，此后在国家飞行试验期间还进行了15次发射，其中3次失败：2Л导弹由于控制系统在运动初始段故障坠毁；4Л导弹由于第一级发动机喷管组件喉衬破损而坠毁，事后苏联技术人员对事故原因进行了彻底分析，并改进了导弹喷管组件；5Л导弹试射又由于弹载控制系统出现故障而失败，事后苏联技术人员修改了控制系统，并在综合试验台上额外进行了地面优化工作，之后导弹在试射时再未出现过异常。15Ж60导弹的飞行试验于1988年9月26日结束，随后国家委员会就做出了建议列装的结论。

1989年11月1日，15Ж60导弹还进行过一次最大射程试射，此前经过了运输试验考验的8Л导弹从"光亮-2"发射装置中升起，飞向了"水域"靶场，这次成功的试射被统计在量产导弹的检验发射中。

1988年8月19日，第一批15Ж60导弹在荣膺十月革命勋章的红旗下第聂伯罗夫斯克第46导弹师（在乌克兰苏维埃社会主义共和国尼古拉耶夫州五一城）进入试验性战备值班，比美国的MX导弹晚了不到两年。15Ж60导弹的部署速度十分快，到1988年年底时就已经有20枚导弹处于战备值班状态。1989年，导弹除了继续在五一城部署外，还在荣膺十月革命勋章的红旗塔曼第60导弹师（在俄罗斯苏维埃联邦社会主义共和国萨拉托夫州塔季谢沃）部署，以取代УР-

100Н УТТХ 导弹，到年底时已有 56 枚导弹（五一城 46 枚，塔季谢沃 10 枚）处于战备值班状态。1989 年 11 月 28 日，РТ-23УТТХ 发射井综合系统和配用的 15Ж60 导弹正式列装。

苏联技术人员通过近 10 年的努力，缩短了在固体推进剂导弹上和美国的差距，甚至在一些方面赶上了美国人，研制出的高能固体推进剂（如 ОПАЛ-МС、СТАРТ、АП-65）不亚于当时世界上最好的同类样品。他们为"小花玻璃珠-3"弹载数字计算综合设备开发出了抗辐射元件基础和大规模集成电路。研制出了高强度有机高模量碳纤维、二维和三维定向基质碳复合材料，以及高强度耐热粘结剂。优化了制造工艺和无损质量检验方法。

在 15Ж60 和 15Ж61 导弹上，苏联技术人员实现了以下技术突破：

固体推进剂火箭发动机用上了具备足够强度的"蚕茧"结构有机纤维增强塑料壳体；

发动机喷管组件上应用了由碳-碳复合材料制造的临界截面部件和出口锥，如 15Д339 发动机的可延伸出口锥就采用 КУП-ВМ-ПУ 碳-碳复合材料制造，从而使喷管组件大幅减重；

发动机上应用了由三维加强（三维渗碳强化）碳-碳复合材料制造的大尺寸多砌块喉衬或单体结构喉衬，如 15Д305 发动机的单体喉衬就采用 КИМФ-МБ 三维加强（三维渗碳强化）碳-碳复合材料制成；

发动机上应用了碳-碳复合材料制造的喷管；

实现了弹性铰链基础上的发动机中央喷管摆动控制，并使轴向推力至少增加了 10%，让导弹能够经受住更强的核爆冲击波（这是采用吹气控制的发动机所无法实现的）；

导弹上应用了碳纤维增强复合结构材料制造的尾舱。

第八章 优化和改进 117

15Ж60 导弹第二级使用的 15Д339 发动机

15Ж60、15Ж61 导弹第三级使用的 15Д291 发动机

第八章 优化和改进 119

厂房中的 15Ж60 导弹

从发射井中腾空而起
的 15Ж60 导弹

第九章 事在人为
——PT-23 和 PT-23УTTX 系统的主要研制机构

一、"南方"设计局和南方机械制造厂

"南方"设计局和南方机械制造厂，两家导弹-火箭-航天企业的历史是相互紧密联系、不可分割的，在 20 世纪，它们对人类航天技术的发展和苏联国防能力的壮大作出了巨大贡献。

第聂伯罗彼得罗夫斯克火箭-导弹中心的历史，是从汽车制造开始的。1944 年 7 月，苏联从纳粹德国手中收复第聂伯罗彼得罗夫斯克后不久，就决定在该地建立汽车厂。战后满目疮痍，工厂建设困难重重，为了施工，苏联方面动用了大量人力，包括德军战俘。汽车厂于 1948 年开始生产卡车，之后还生产各种汽车和拖拉机，当时工厂最有名的产品是苏联著名汽车设计师 B. A. 格拉乔夫（В. А. Грачев）领导下开发出的三轴水陆两用军车。

后来由于国际局势日趋复杂，苏联方面认为有必要大幅提高导弹产能，建立大规模的导弹工业部门。位于波德利普基的第 1 试验设计局试验工厂，在 P-1 导弹的产能上显然无法满足需要。苏联方面考虑了多种增产方案，第聂伯罗彼得罗夫斯克年轻而有潜力的汽车厂引起了政府特别委员会的注意，最终它被选中。1951 年 5 月 9 日，苏联政府在胜利节这一天做出决议，将汽车厂转归兵器部管辖，工厂也更名为第 586 第聂伯机械制造厂。

工厂转产后，第一项生产任务就是艰巨的——要在 1951 年年底前制造出 70 枚 P-1 导弹。而到了 1954 年，工厂的产能已经达到每年

制造 2 500 枚导弹的程度。从今天来看，这样的数字也是十分惊人的。但在当时，苏联方面认为这样的数量完全必要，首先德国的局势正急剧恶化，同时朝鲜战争才结束不久。此外，苏联在制订计划时，习惯上会将指标拔高，并设定极其紧迫的完成期限，以尽可能地刺激生产，满足对于更高目标的强烈需求。

第 586 工厂制造的 P-1 导弹于 1952 年 11 月首次成功发射，这距离工厂转型仅一年半的时间，是工厂集体英勇劳动的结果。与此同时，更先进的 P-2（8Ж38）导弹的相关工作也在工厂中开展起来。

随着时间推移，工厂被更名为南方机械制造厂。导弹工业是严格保密的，工厂从媒体上消失了。不过在 20 世纪 70 年代，在无轨电车和公共汽车上还能够听到它的名号，人们会问："您要在汽车厂那儿下车吗？"

尽管工厂的生产方向已经完全改变，但汽车产品并没有从工厂中消失。苏联的国防工厂习惯于生产一定数量的民用消费品。在南方机械制造厂的许多产品中，有 ЮМЗ 轮式拖拉机（ЮМЗ 即南方机械制造厂的首字母简写），年产量高达 6 万台，被大量使用于农业和工业领域。起初，它们是以"白俄罗斯"牌的名义生产，到了 70 年代末，它们开始使用 ЮМЗ 本名。同时，拖拉机生产对工厂的主要任务起到了一定的掩护作用。

在第 586 工厂发展壮大期间，科罗廖夫团队、波德利普基工厂和其他国防企业一大批有经验的专家被调派过来，在工厂里建立了设计局，这就是未来"南方"设计局的前身。设计局集体从一开始就有一种创造自己新产品的冲动，但最初遭遇了冷淡态度，毕竟设计局资历还太浅，人数相对而言还太少。直到 1954 年 4 月 10 日，在设计局颇有成果的组织工作基础上，苏联政府做出了决议，将设计局从工厂中独立出来，组建为第 586 试验设计局。第 586 试验设计局是继第 1 试验设计局后，苏联第二个导弹-火箭系统开发设计局，并以第 586 工厂作为强大的生产基地和后盾。

ЮМЗ 轮式拖拉机，生产于 1989 年，但铭牌上仍有"白俄罗斯"字样（本书作者孙宁 2012 年在格鲁吉亚工作期间拍摄）

1955年10月，M. K.扬格利被任命为第586试验设计局总设计师，设计局的发展进入新阶段。正是在杨格利的领导下，"南方"设计局（第586试验设计局于1966年改称"南方"设计局）的技术人员开发并引入了许多重要的新结构技术方案，并应用在之后所有的导弹上，其中包括运用运输发射容器，让导弹从制造组装到发射全程都处于其中；采用"迫击炮"发射方式，让导弹先被弹出运输发射容器，而后导弹主发动机才点火启动；让推进剂组分加注后的导弹实现了长期化储存；广泛应用烟火装置和辅助火药（固体）发动机；对燃料组分罐体进行化学增压；等等。

1971年10月25日，M. K.扬格利在他60岁生日那天去世，之后В. Ф.乌特金接替他执掌"南方"设计局。

为了集中力量和简化试验设计中间环节，第586试验设计局的试生产工作于1960年被移交给第586工厂，这一举措使得设计局和工厂之间的联系变得更加紧密，让它们实质上成为第聂伯彼得罗夫斯克火箭总中心不可分割的部分。有一个时期，设计局和工厂甚至合并为"南方"科研生产联合体。总之，不管分分合合，已经很难再将它们视为各自独立的不同企业，它们就是一个统一的试验设计和生产基地。

巴甫洛格勒机械厂是南方机械制造厂的下属单位，它始建于1931年，最初是火炮试验场。1961年，火炮试验场改组为第586设计局分支机构，开始从事火箭发动机开发工作。1963年12月起开始固体推进剂火箭发动机的研制工作。那里搭建有大尺寸固体推进剂火箭发动机点火试验台，苏联技术人员还在那儿进行导弹综合系统大尺寸组件的试验优化工作和导弹"迫击炮"发射系统试验。固体推进剂发动机和液体推进剂发动机混用的РТ-20П机动式导弹综合系统的部件，就是在巴甫洛格勒完成测试的。

1966年，第586设计局巴甫洛格勒分部改名为巴甫洛格勒机械厂，成为南方机械制造厂生产联合体的一分子。在发展中，工厂的业务范围逐步从固体推进剂火箭发动机相关工作拓展为组装整个固体推进剂导弹。在巴甫洛格勒，苏联技术人员和工人们使用母厂生产的元件组装起导弹主发动机，对导弹成品进行综合试验，最后将导弹放入运输发射容器，此后导弹"终其一生"都将待在里面，直到退役或者是被销毁的那一天。

在作战铁路导弹综合系统项目中，巴甫洛格勒机械厂负责将导弹装配进发射单元。巴甫洛格勒机械厂也由此成为苏联唯一的作战铁路导弹综合系统组装成形基地。在选定巴甫洛格勒之前，苏联工业界和军方围绕组装成形基地的问题曾有过长期而深入的争论，工业界认为应当由军方的企业来负责组件保障，然后像井射式导弹综合系统那样，在固定部署点让作战铁路导弹综合系统配套成形。而战略火箭军考虑到作战铁路导弹综合系统的复杂程度，希望到货时它就已经完全准备好投入运行，并坚持让综合系统在工业企业中就配套成形。最终，战略火箭军在激烈的争论中占了上风，从巴甫洛格勒机械厂驶出了完全准备就绪的导弹列车。

在导弹综合系统的研制过程中，军方代表发挥着巨大作用，他们督促着"南方"设计局和协作工厂高效工作，以严格的标准确保综合系统的性能和可靠性。从导弹综合系统项目迈出第一步开始，军事验收就伴随着设计人员、试验人员和技术人员。在器材生产过程中，军方代表在所有问题上实施全面监督。交付成品时需要有军方代表签名，执行最关键的责任工序时也要有军方代表签名。军方代表的职责不仅仅是排查缺陷，还要保证产品多年的质量和可靠性。这样的模式被证明是成功的。"南方"设计局和相关企业研制的 P-36M 重型洲际导弹综合系统就是一个范例，它们在战备值班中维持了近 30 年，状态仍然良好。"南方"设计局和工厂处理各种复杂问题时，军方代表的看法建议始终被考虑在内。

二、特种机器制造设计局

负责研制作战铁路导弹综合系统列车平台和导弹发射装置的特种机器制造设计局，其历史可以追溯到百年前，最初它从事跟军舰重炮、堡垒重炮有关的工作：苏俄国内革命战争结束后，为了让遗留下来的重炮恢复状态，从彼得格勒冶金厂和奥布霍夫工厂（后来的"布尔什维克"工厂）抽调工人专门组建了火炮工作队。从1919年到1924年，这个工作队一直辛勤工作着。20世纪20至30年代，苏联开始逐步恢复火炮武器的相关工作，其间在列宁格勒机械厂组建了由新老专家共同组成的研制团队。正是在列宁格勒机械厂，А. Г.杜克利斯基提出了研制 TM-1-14、TM-2-12 和 TM-3-12 铁道炮装置的倡议。工厂的专家们后来成为设计局集体的骨干成员。30年代，列宁格勒机械厂和"布尔什维克"工厂紧密合作，开发过多种舰炮装置。卫国战争爆发后，苏联方面启动了为现成舰炮制造铁路平车（以配备130毫米口径火炮的 Б-13 铁路平车为主）的大规模项目，这些铁路平车有很大一部分是在被围困的列宁格勒制造的。被疏散到斯大林格勒后，"布尔什维克"工厂设计局和列宁格勒机械厂设计局的专家们为152毫米火炮开发了 Б-64 铁路平车。

战争期间，苏联三个最大的舰炮设计局都被疏散到了斯大林格勒。1942年，它们被进一步疏散到尤尔加。为了让火炮专家集中起来，苏联国防委员会于1942年11月下令组建中央火炮设计局，并由В. Г.格拉宾（В. Г. Грабин）负责领导设计所有类型的火炮武器。

当列宁格勒的封锁于1944年5月解除后，苏联人民委员会决定在列宁格勒组建中央火炮设计局分部，以开展舰炮和岸炮相关工作，分部下辖的第20处专门负责重型机动火炮的设计工作。1945年3月，苏联方面考虑到中央火炮设计局列宁格勒分部实际已独立运作，便以其为基础成立了海军火炮中央设计局,由А.Г.杜克利斯基担任机动岸炮部门负责人。此后设计局数度更名,最终发展成为特种机器制造设计局。

特种机器制造设计局在铁道炮装置方面的工作持续到1953年,然后就转向了导弹技术领域。1965年,特种机器制造设计局的第4设计局开始为洲际弹道导弹设计铁路机动发射装置,首个项目是РТ-21导弹综合系统项目。1970年,А.Ф.乌特金成为特种机器制造设计局第4集体的总设计师。

三、"火花"科研生产联合体

"火花"科研生产联合体作为固体推进剂火箭发动机研发领域的领先机构,拥有良好的声誉。它的历史始于1955年12月26日,当时苏共中央委员会和苏联部长会议做出决议,委托彼尔姆列宁机械制造厂(此前为彼尔姆莫洛托夫机械制造厂)的第172火炮武器专门设计局进行导弹技术样品的研制工作。

设计局后来承担了苏联首批大尺寸固体推进剂火箭主发动机的开发工作。

在对РТ-2导弹进行现代化改造期间,"火花"科研生产联合体开始同"南方"设计局合作,很长一段时间内,试验性发动机被用来研究新的技术解决方案。

"火花"科研生产联合体为РТ-23和РТ-23УТТХ导弹综合系统的井射式导弹、铁路机动导弹研制了带有可延伸喷管(在发动机启动前会进行"冷滑")的第三级发动机。在这些发动机的喷管结构上应用了苏联当时最新的碳-碳复合材料,开创了该技术运用于导弹的先河;而在发动机壳体结构上(发动机壳体由柳别尔齐"联盟"科研生产联合体开发),则应用了有机塑料和复合防热层。这些发动机同苏联国内外的最好同类产品相比，实现了更高的喷管膨胀度。

在固体推进剂药柱上，"火花"科研生产联合体与柳别尔齐"联盟"科研生产联合体有着密切合作。后者是苏联大尺寸固体推进剂装药研制领域的先驱者，拥有十分高的威望，总是率先开发出大尺寸的或新奇的固体推进剂装药。

导弹第一级发动机的固体推进剂装药由位于比斯克的"阿尔泰"科研生产联合体开发。第一级发动机装药的尺寸比苏联以往研制的任何固体装药都要大得多，"阿尔泰"科研生产联合体承担的工作十分复杂，毕竟研制全新的固体推进剂并非易事。

四、自动化技术和仪表制造科学研究所

自动化技术和仪表制造科学研究所是 PT-23 和 PT-23УТТХ 导弹综合系统的控制系统研制机构。它的历史始于 1946 年，当时苏联组建了大批导弹-航天领域的企业和机构，其中就包括负责开发弹道导弹自主控制系统的第 885 科学研究所。随着时间推移，控制系统的课题和研究所本身不断扩大，于是 1963 年在莫斯科西南组建了专门的自动化技术和仪表制造科学研究所，为作战导弹综合系统、运载火箭和航天器研制惯性控制系统。

该研究所作为权威机构，开发了 PT-23 和 PT-23УТТХ 导弹综合系统所有变体（井射版本和机动发射版本）的控制系统：在全新的、一反传统的导弹上实现了第一级吹气系统控制和弹头舱室偏摆控制，为机动导弹综合系统研制了导航和瞄准系统，确保了导弹控制系统设备能够抵御核爆毁伤因素的影响。

该研究所对控制系统进行了大量设计和试验工作，控制系统在飞行模拟试验台上和优化弹头偏摆控制的大型试验台上进行测试，而后在真正的飞行试验中接受检验。

五、中央机器制造科学研究所

中央机器制造科学研究所在苏联导弹-航天领域和机动式导弹综合系统项目中有着举足轻重的作用。它成立于1946年,最初名为第88科学研究所(基于第88工厂组建,生产火炮武器的工厂由此变成了导弹研制上的强大试验生产基地)。第88科学研究所的建立,在当时标志着苏联导弹-航天技术的发展进入了一个新阶段,研究所实际上集科研、设计和生产功能于一身,奠定了苏联导弹-航天技术领域的基础。

第88科学研究所位于莫斯科州,具体所在地最开始叫波德利普基站,后来改称加里宁格勒,最后变成了科罗廖夫城。这里离莫斯科不远,确保了机构本身跟莫斯科其他核心科研机构和国家机关的密切联系,也让吸纳人才更加便利。在第88科学研究所工作的 С. П.科罗廖夫是苏联战略导弹项目各个领域的先驱者。后来中央机器制造科学研究所不仅为苏联的导弹、火箭发展作出巨大贡献,还成为行业"孵化器",多个团队和多名专家从那里走出,正是这些人塑造了苏联导弹-航天工业的面貌。

中央机器制造科学研究所广泛参与各类系统分析、探索性研究,编制导弹和导弹-航天技术发展计划,解决空气动力学、热质交换、稳定性(强度)等多个方面的问题。但其中最重要的工作,是对苏联导弹-航天领域各个机构开发的导弹综合系统、空间系统进行综合分析并得出结论。没有中央机器制造科学研究所的认可,任何牵头机构的工作都无法进入下一步并开始飞行试验。

中央机器制造科学研究所曾主动对苏联战略导弹武器的发展前景进行过严肃分析(即"综合系统"［Комплекс］课题、"地平线"［Горизонт］课题和"标杆"［Веха］课题)。考虑到苏联自身的技术水平和潜在对手手段的变化情况,中央机器制造科学研究所在广泛研究的基础上坚定地确立了这样一个概念，即苏联的固定式战略导弹综合系统需要有相当数量的、能够在敌人打击下存活下来的机动式导弹综合系统做支撑。这一概念的核心思想是"战略威慑"，也就是苏联面对潜在对手必须要有可靠的反击能力。在作战铁路导弹综合系统的研制问题上，中央机器制造科学研究所也正是基于此与"南方"设计局一直通力合作。中央机器制造科学研究所的意见历来受到通用机械制造部科学技术委员会的重视，也会在项目计划的实施过程中得到体现。

从政治、军事、经济和生产等多方面深入分析，对合理界定战略武器及其具体型号的发展是必要的。但并非任何事务都能被明确地评判，客观因素之外，主观意愿、行业利益和企业利益也在起着作用。研制一套具体的系统，需要由国防部（订货方）领导人、主要设计局和科学研究所负责人、工业部门负责人、苏联部长会议下属的军事工业委员会共同做出决定，时常有着被称为"内战"的激烈冲突。在关键时刻，必须由苏联政府和苏共中央委员会在最高层面做出抉择，而像中央机器制造科学研究所（也包括国防部第 4 科学研究所）这样的主导机构在其中的作用，就是既要找到妥协的解决方案，又要在最高层面捍卫原则立场。

中央机器制造科学研究所通过研究向所有人表明，苏联的核导弹力量应当建立在"有效反击"战略之上，而要实现这一点，一是需要提高固定式导弹综合系统的生存性，二是需要将机动式导弹综合系统引入战略导弹部队。1968 年苏联国防委员会认可了有效反击理论，也就是中央机器制造科学研究所提出的威慑理论，为陆基机动式导弹综合系统的研制开辟了道路。

六、苏联交通部和国防部中央军事交通管理局

苏联交通部中央管理机关和其下属各机构，以及国防部中央军事

交通管理局，在作战铁路导弹综合系统项目中有着重要作用。要证明作战铁路导弹综合系统能够在交通部线路上运行并非易事，为此，作战铁路导弹综合系统列车平台的总设计师 A. Ф.乌特金和他的团队、战略火箭军导弹装备总局主任 B. A.卢基扬诺夫（В. А. Лукьянов）和他手下的军官们，同铁路工人们一起进行了大量工作。由于诸多事项必须在特种机器制造设计局的专用试验场上和苏联交通部位于谢尔宾卡的试验场上通过试验确认，苏联方面制订了一项计划以加强导弹列车巡航路线上的部分轨道，采取的措施包括铺设更重的系列铁轨。为执行这项计划，苏联方面专门投入了一笔资金，而苏联交通部十分愿意有额外的拨款用于轨道设施改造，积极推动了相关工作。作战铁路导弹综合系统项目在一定程度上促进了铁路的更新改造，为导弹列车专门改建的设施，包括铁路桥在内，让民用货运列车（尤其是运输液体货物和煤的列车）的载重也得以增加。苏联技术人员还为作战铁路导弹综合系统发明了一种外号为"青蛙"（Лягушка）的专用装置，用于发生意外时抬起倾倒的车厢，时至今日，它仍然在俄罗斯铁路上被使用。最终，苏联技术人员所提出的技术解决方案和组织方案被证明是正确的，作战铁路导弹综合系统在和平时期可以运行在交通部线路上。

为了培养军官-列车机械操作员，苏联方面在作战铁路导弹综合系统的巡航路线上定期进行操练。对于受训者而言，最关键的是能够直观地见到铁路沿线地形，熟悉路线上所有的弯道、岔道和电线杆，并在实操中掌握作战列车的控制技巧。原则上，战略火箭军可以使用自己的训练列车来模拟作战铁路导弹综合系统，但需要动用相应的资源和资金；相比之下，将资金用于维护那些一直处于战备状态的机车更为重要。苏联交通部门支持了国防事业，在这一问题上减轻了军方的负担。

七、第 53 科学研究试验靶场
（普列谢茨克航天发射场）

第 53 科学研究试验靶场（普列谢茨克航天发射场）的历史始于 1957 年 1 月，当时苏联政府决定在人烟稀少的阿尔汉格尔斯克原始森林中组建一个暂名为"安加拉"（Ангара）的军事单位，并使之成为苏联最先装备洲际弹道导弹的单位。

发射场的修建地点怎么选，在当时是一项重大挑战：首先，未来的发射场必须尽可能远离苏联南方边境，规避开美国空军在南方修建的大量基地；其次，不能将导弹部署在苏联的欧洲部分或西西伯利亚，因为弹头受到地球自转影响后射程会缩短；最后，导弹的大型组件只能通过铁路运输，因此发射设施不能远离铁路线。在候选地点中，阿尔汉格尔斯克州的普列谢茨克区满足了各项要求。

苏联方面将导弹发射阵地布置在叶梅茨河谷南坡，山谷高而陡峭的河岸和坚硬的土地大大减少了土方工作量。河流自西向东流淌，并略微向北弯曲，能够沿着河岸布置多个发射阵地，且在发射导弹时互不干扰。茂密、寸步难行的北部原始森林将这些具有重要战略意义的地点藏匿其中。

第一列载着建设者们的列车于 1957 年 3 月抵达普列谢茨克车站，建设者们在十分困难的条件下施工。由于时间紧迫，在铺设硬面公路之前就开始了发射场主要设施的修建。建设者们用双手把沉重的设备搬运到施工现场，走的是冰雪融化后泥泞的乡间土路，而开春后这些道路变成了沼泽。一切都必须新建：从发射设施、道路，到住房、公用设施和文化生活设施。

到 PT-23 导弹综合系统开始试验时，发射场已经是一个由各种导弹整备设施和发射设施构成的网状综合体。苏联的作战战略导弹综合系统试验中心正逐步从拜科努尔转移到普列谢茨克。而普列谢茨克本身也已经是一个较为现代化和十分整洁的城市，拥有一切生活设施，包括公路和机场，居住环境要比天气多变的拜科努尔好得多。

为了进行PT-23导弹综合系统试验，发射场的专家们完成了大量准备工作，以适应全新的导弹和全新的系统。1977年，在发射场提前组建了一个非正式单位，为新的PT-23导弹综合系统试验做准备。1981年10月，在发射场启动了建立试验基地的大规模工作，主要包括修建"博罗沃耶"（Боровое）场地上的技术阵地、一个由指挥所和四个发射点构成的发射阵地以及一条58千米长的干线铁路。干线铁路分两个阶段修建，于1985年12月完全通车。铁路修建时，工期十分紧张，军队建设者和非军方单位的工作者共同工作，从贝阿铁路项目上抽调了工程-试验队伍，施工过程一直处于苏联国防部中央机构的管控之下。

1982年10月26日，15Ж44导弹首次在普列谢茨克升空。1984年1月18日，15Ж52导弹首次从普列谢茨克发射。一年后的1985年2月27日，开始试射为PT-23УТТХ作战铁路导弹综合系统设计的15Ж61导弹……对于作战铁路导弹综合系统相关人员的培训，也是在普列谢茨克进行的。

第十章　通用机械制造
—— 导弹综合系统项目的计划管理

按照计划和进度表，苏联数百家科学研究所、设计局、工厂和军事单位参与了 РТ-23 和 РТ-23УТТХ 导弹综合系统的研制、生产和运作。协调它们的活动是一项十分复杂的工作，但苏联完成复杂系统工作的能力已经足够成熟，并仍在不断进步。作战铁路导弹综合系统项目中，各企业的协作管理主要基于以下几个层面：

1.最高层面——苏共中央委员会、苏联部长会议和国防委员会。导弹综合系统的研制工作是基于苏共中央委员会和苏联部长会议的决议来组织的，这些决议规定了期限、主要性能、主要执行机构、工作保障条件等等。组织体系金字塔的顶端是苏共中央政治局，苏共中央政治局通过苏共中央书记处领导苏共中央国防工业处。苏共中央国防工业处成立于1954年，是苏共中央政治局的一个下属部门，其主要职能是在武器系统研制领域监督执行党的决定，在国防工业部门落实人事政策。

2.苏联部长会议下的军事工业委员会是国家层面的上级领导机构，它为主要执行机构设定具体任务和工作进度表。

3.苏联国防部作为国家订货方，监督项目的进度和项目的质量，负责落实某些类型的工作。苏共中央政治局通过国防委员会管辖苏联国防部。在军用系统的开发阶段，苏联国防部作为订货方，会为研制中的系统编制技术任务书，但苏联国防部不对科学研究和试验设计工作进行拨款，也不参与批量生产工作。开发系统的决定或投产的决定是由苏共中央委员会和部长会议（或军事工业委员会）以联合决议形式做出的，资金通过相关工业部门直接从国家预算中拨给相关企业。

4.苏联通用机械制造部是主要牵头部门，负责从总体上解决问题，研制出综合系统的主要组成部分。它还与其他参与项目的部门进行合作。

5.苏联通用机械制造部下属的各个总局有各自确定的工作方向，其中：

• 第1总局负责导弹综合系统总体工作，负责导弹及其最重要元件；

• 第4总局负责作战铁路导弹综合系统总体工作，负责发射装置和指挥所；

• 第5总局负责导弹控制系统和作战指挥系统相关工作；

• 第6总局负责指挥仪器综合系统（操纵仪器综合系统）相关工作；

• 第7总局负责综合系统投运工作和相关保障工作；

• 第8总局负责拨款和科学支撑；

• 第10总局负责遥测系统和其他设备；

• 技术总局负责工艺和新材料相关事项。

6."南方"设计局是PT-23和PT-23УТТХ导弹综合系统项目的牵头机构，除了自己的工作外，它还对协作企业的工作进行监督。

7.最后是综合系统子系统的研制牵头机构。例如特种机器制造设计局负责发射装置的研制工作，它又对自己协作企业的工作进行监督。

20世纪70至80年代通常被称为苏联的"停滞期"，但苏联的军事工业综合体并未陷入停滞。РТ-23 和 РТ-23УТТХ 导弹综合系统的工作涉及的战线相当广泛，苏联方面集中力量，在难以置信的时间内解决了问题。

一切最重要的决定都是由苏共中央委员会和苏联部长会议通过联合决议做出的，这些决议有两个编号，其中一个为苏共中央委员会专用。一些特别重要的事项会在国防委员会会议上得到审议。针对上述会议需要做大量前期工作，由于会议经常改期，几乎随时都在准备着用于审议 РТ-23 综合系统工作进展的材料。

有时候，苏共中央政治局会讨论财政和物质资源上的原则性问题，并做出最终决定。

苏共中央委员会机关位于莫斯科老广场，导弹-航天领域的人士经常会与苏共中央国防工业处（1988 年改称苏共中央国防处）打交道。国防工业处的指导专员也是业内十分权威的专家，他们有在导弹-航天企业任职的履历，有的担任过综合体负责人，有的担任过首席主任设计师，例如 В. Л. 卡塔耶夫（В. Л. Катаев）就曾是"南方"设计局主任设计师。苏共中央国防工业处一直都很低调，通常是针对某个范围内的问题找人面谈，而主要的讨论和"左右前途的决策"都是在更高层面进行的。

军事工业的日常管理工作由苏联部长会议下的军事工业委员会负责，该机构成立于 1957 年 12 月，这是一个鲜为人知但十分有影响力的机构。

军事工业委员会通常由这些成员构成：委员会主席由苏联部长会议副主席出任；委员会第一副主席需单独任命，具有部长级职权；委员会副主席则由苏联国家计委负责国防工业的第一副主席、工业国防领域的各个部长、苏联国防部第一副部长（苏联武装力量总参谋长）、苏联国防部负责装备工作的副部长和最知名、最权威的科学家以及工业组织家担任。

军事工业委员会的职能涉及多方面，其中包括：

负责组织和协调现代化装备、军事技术设备的研制工作；

负责在装备、军事技术设备的研制和生产中，协调工业国防部门和苏联其他相关部门的工作；

和苏联国家计委一起共同保障工业国防部门全面发展；

负责提高装备、军事技术设备的生产技术水平、质量和可靠性；

负责对工业国防部门进行业务领导和监督，范围涵盖装备、军事技术设备的研制、生产、供应，日用品和其他民用产品的生产；

与苏联国家计委、苏联国防部共同编制装备、军事技术设备的研制生产五年计划和年度计划，并提交审议和批准；

与苏联国家计委、国防部和财政部共同编写关于国家支出控制数字（装备、军事技术设备和其他国防用途专用技术设备在相应计划阶段的研制和生产支出）的建议书，并提交苏联国防委员会和苏联最高苏维埃审议；

负责协调工业国防部门在军事技术合作方面的对外经济关系。

军事工业委员会在某种程度上延续了俄罗斯通过单一中心来管理军事工业的历史传统。在20世纪初第一次世界大战的背景下，沙俄设立了专门机构"特别会议"来管理军事经济，其中最主要的"国防措施讨论特别会议"由陆军大臣主持，政府机构（国家杜马、国务委员会）、工业企业界派遣代表参加。

在赫鲁晓夫分散经济管理权限的改革期间（这一时期，政府通过"国民经济委员会"体系来管理经济），军事工业委员会作为协调机构起了特别大的作用。即便苏联政府在 1965 年恢复了各个部委，军事工业委员会的职能也仍然得以保留，并成为协调国家军事工业综合体活动的最稳定组织形式，直至苏联解体。

从理论上讲，当工业国防部门、苏联国家计委、苏联国防部三者之间存在分歧时，应由军事工业委员会做出最终决定。军事工业委员会不遗余力地确保文件草案与各个相关部门、科研机构、生产企业的利益和行动一致。但同时，与各个相关部门的协调工作主要是由提交草案的牵头部门承担，文件上必须有所有执行部门领导人的签字，或是附有同意该文件的公函，这项协调工作通常要花很长时间才能完成。

一旦商定好的决议草案被提交到军事工业委员会，就意味着它已经准备好作为军事工业委员会的最终决议被签署。之后军事工业委员会的决议将再以草案形式提交到苏共中央国防工业处进行修改和补充，最后以苏共中央委员会决议和苏联部长会议决议（两者一般合称为"政府决议"）的形式颁布。

军事工业委员会的机关设在克里姆林宫内。到 80 年代中期，军事工业委员会有 15 个处负责着装备和军事技术设备研制的各项事务，其中根纳季·康斯坦丁诺维奇·赫拉莫夫（Геннадий Константинович Хромов）管理的处负责作战铁路导弹综合系统项目的监督工作。

战略火箭军导弹装备总局在作战铁路导弹综合系统的开发阶段发挥了十分重要的作用，随后随着飞行试验的临近，战略火箭军导弹装备操作总局的作用也显得越发重要。战略火箭军的军官们在导弹系统开发和运行方面有着丰富的指导经验，一方面他们扮演着苛刻的订货人的角色；另一方面，他们又是导弹综合系统研制工作的积极参与者。战略火箭军导弹装备总局位于莫斯科附近的弗拉西哈（Власиха）封闭城，离佩尔胡什科沃车站不远，战略火箭军的主要机关都在那里。

苏联通用机械制造部是作战铁路导弹综合系统项目的牵头部门，历经两次组建。第一次是在1955年3月2日，根据苏联最高苏维埃法令组建；第二次是在1965年3月2日，根据苏联最高苏维埃法令恢复。通用机械制造部承担整合并协调大量导弹-航天企业和科研机构的工作。

在通用机械制造部，第1总局是负责作战导弹技术设备的主要牵头机构，直接管理作战铁路导弹综合系统的研制工作。它准备和批准诸多政策文件，承担跟国家订货方、各工业部门、通用机械制造部其他总局的沟通工作，还起草军事工业委员会决议草案并传达军事工业委员会的决定。军事工业委员会决议会规定项目所有参与企业的协作形式、工作完成时限、进度表和保障措施，并附有大量附件。在拆分下发时，由第1总局打字室以摘要形式印制，每个企业只会被告知自己负责的工作。文件不允许另行复制，也不允许涂改。废文件需按照保密要求销毁，然后重新印制。文件每一页的接收和移交都必须签名。

第1总局的工作特点是要知晓一切，要详细了解所有的技术问题、作战运用问题、所有部件和材料的生产状况、工作人员的能力，乃至企业的社会文化生活问题，要确保飞行试验顺利进行，并在专题会议上向通用机械制造部党委汇报情况。事实上，第1总局的业务范围还要广泛得多。在80年代后期，它除了负责战略导弹综合系统、反舰导弹综合系统、一部分运载火箭、航天器的研制和试验设计工作外，还负责十分重要的肉类奶制品加工设备、面包生产设备、医疗产品和其他许多民用产品的生产工作。民用品的工作是从苏联轻工食品日用机械制造工业部继承而来，该部门于1988年撤销。

在РТ-23和РТ-23УТТХ导弹综合系统的工作中，第1总局与第2总局（具体负责导弹的第三级固体推进剂发动机）、第4总局（对列车平台、发射装置及其元件负总责）、第5总局（具体负责作战指挥系统和控制系统)、第 7 总局(具体负责试验工作和部队中的工作)、第 8 总局(负责拨款和科研工作)进行了充分合作。

新技术、新材料和新设备的开发应用,在 PT-23 和 PT-23УТТХ 导弹综合系统项目中受到了特别的重视,在《25 个探讨问题》中有相当一部分内容涉及这方面。在新技术、新材料和新设备的开发应用工作中,除了设计局和工厂的工艺材料部门,通用机械制造部的科学研究所(例如机械制造工艺科学研究所[НИИ технологии машиностроения]和中央材料学科学研究所[ЦНИИ материаловедения])也发挥了重要作用。凡是跟新技术、新材料和新设备有关的事项,都由技术总局负责协调。

苏联通用机械制造部的科学技术委员会负责召开会议审议重大的科学技术问题。其中有关战略导弹综合系统的问题,是在其第 1 分会上进行讨论,最主要是审议已经发布的技术建议书和导弹综合系统草案设计,审视最新技术的发展方向。

通用机械制造部是一个严字当头的部门,在部门的集体会议上,气氛总是十分紧张,并且进行着严肃的讨论。在会议上面向集体作报告需有充分准备,事前要到企业去,要在现场了解清楚情况,从部长到单位领导人再到部门的主要工作人员都遵循着这一原则。集体命令或是集体决议的草案在会前就准备好,内容一般是评估工作进展状况,但有必要时也会提出对管理人员进行处罚。对于命令草案或是决议草案的内容,通常在会前就已经达成一致,但经过集体讨论后可能会出现大的变化,为此配有速记员完整地记录会议过程,部长讲的内容一定会被纳入文件的最终版本。在相应人员作报告时,通常会配上反映内容主题的挂图,到 80 年代后期,则开始使用大屏幕图像辅助说明的方法。

通用机械制造部的运作是建立在严格纪律之上的,它的各级都遵守严格的纪律,以确保命令得到及时有效执行。通用机械制造部有一个专门的调度处,负责全面监督集体命令和集体决议的执行情况。严格的一长制和对工作进展的集体监督机制,时常带来严厉的"组织结论",但它们又同各层级的科学技术问题民主讨论机制结合了起来。试验优化工作在各个层级都受到严格监督,具体到每个组件的制造进展情况和每个试验设计的准备情况(每一个都有顺序号和试验设计代号)。在相应的办公室或房间里,有印制的试验优化工作进度表挂图,这些进度表被定期查看和标记,导弹的第一级发动机通常受到特别关照,因为调试工作难度最大。这样的计划方式和监督方式在苏联先前的导弹综合系统优化工作中就已经采用,并在整个PT-23导弹综合系统项目进行期间得到了保持。

通用机械制造部能够借助苏共中央委员会、苏联部长会议和军事工业委员会的决议,将任何部门或工作组织吸纳到自己的工作中来。为了让隶属于不同部门的企业有效合作,在通用机械制造部之下成立了一个由相关工业部门副部长和牵头企业领导人担任成员的跨部门协调委员会。协调委员会很少聚在一起开会,主要的工作是在业务模式下完成的。

苏联有超过500家企业和机构、45个部门参与了PT-23导弹综合系统的研制项目,一切活动都需要进行协调,其中大多数问题都是在项目的牵头机构层面,即"南方"设计局层面解决的。在开发作战铁路导弹综合系统这样复杂的系统过程中,制定了大量不同的进度表,从综合系统研制的总体网络进度表到各个子系统、各类试验的进度表。苏联技术人员在编制进度表时,尽可能地考虑到了一切问题并进行预估。然而并非所有的问题及其技术解决方案都在预料范围内,例如导弹第一级发动机吹气阀的问题;又比如某处出现器材制造上的滞后,协作机构无法按时按数量交货;一些部件需要根据试验结果完善结构;等等。这类现象在各个层面都存在,并且打乱了工作安排,而牵头机构迫于最后期限和项目要求,不得不寻找最佳方案。在系统性能和项目进度上，也不是所有事务都让国家订货方感到满意。有时，各方会因意见相左而大发雷霆。作战铁路导弹综合系统是在极其巨大的压力下研制的，在不间断的追赶中气氛极度紧张；不过各方在同一个理想下最终团结一致，站到了同一条战线上，力求研制出并成功部署一种高性能的导弹综合系统。

与外界相传的苏联国防工业从未考虑过资金问题，要多少就给多少相反，国防项目的资金计算实际上更为仔细，任何拨款问题都会从专业角度周密考虑，并进行计算和清点，资金不会形成所谓的"支流"。预算编制完成后，会由通用机械制造部负责专业数据分析的"玛瑙"科学研究所（НИИ《Агат》）进行细目研究和修订，过后再由研究所负责人向通用机械制造部部长报告结果以便做出决策。

"玛瑙"科学研究所在1973年基于中央机器制造科学研究所分部和通用机械制造部主计算中心成立。它在国家计划调控经济条件下，针对科学研究和试验设计工作开发出了高效的计划、统计核算、会计报表、业务管理统一系统。该系统能够调控前景计划和年度计划序列，对未来的综合系统进行技术-经济分析，编制、鉴定并批准科学研究和试验设计工作预算价值，制定并运用科学研究和试验设计工作定额基准，评估项目和计划可行性，评估科学研究所、设计局的经济工作情况，以及分析科学研究和试验设计工作业务管理过程中的问题。

"玛瑙"科学研究所还在苏联率先于单一工业部门内（通用机械制造部内）制定出了定额（参考基准），以评估科学研究和试验设计工作的劳动量、价值和持续时间，评估企业的产品制造和生产计划强度，使苏联技术人员能够估计自己的工作并激励他们实施科学技术进步措施。

第十一章 大地的"勇士"
——РТ-23УТТХ 作战铁路导弹综合系统

一、РТ-23УТТХ 铁路导弹综合系统的生产、部署和运行

在 РТ-23УТТХ 导弹综合系统和配用导弹的生产中，延续了为 РТ-23 导弹综合系统建立的企业协作关系。15Ж60 导弹、15Ж61 导弹和导弹第一级、第二级发动机的批量生产，在巴甫洛格勒机械厂和它的母厂南方机械制造厂协同进行。铁路发射装置在尤尔加机械制造厂和伏尔加格勒"街垒"生产联合体制造。导弹的组装、测试和在运输发射容器中的紧固工作，也在巴甫洛格勒机械厂进行。РТ-23 综合系统系列下的各型导弹总共生产了 200 多枚。

作战铁路导弹综合系统在苏联是首次部署，没有既定的组织解决方案，自然引发了各种争论，其中就包括作战铁路导弹综合系统组装配套基地的选址问题。在组装配套基地，列车的所有车厢都会被组装起来，导弹会被填装进运输发射容器，所有的系统都会接受检查和测试。换言之，整套综合系统在那里就要完全准备就绪。苏联军方和工业界在这一问题上争论了大约两年。在苏联工业界看来，让组装配套工作在军队的常备部署点上实施更好，反正军人在那里也跟火车和导弹打着交道。将列车所有部件运到那里，然后组装起来进行测试的模式，跟固定式导弹综合系统的一贯处理模式多少有些类似，即导弹在现场与发射装置进行匹配后，再由工厂派来的工作队协助完成调试和问题处理。

作战铁路导弹综合系统在常备部署点

而战略火箭军认为，接手的应该是一套完整的、经过充分检查的作战铁路导弹综合系统，否则将不得不花费大量时间精力和经费进行调试。卡普斯京-亚尔试验场上的"先锋"导弹综合系统配套基地就是个先例。

双方的争论最终以军方胜出，决定在靠近设计局和牵头主要工厂的地方，即巴甫洛格勒机械厂建立作战铁路导弹综合系统的组装配套基地。

在作战铁路导弹综合系统的组装、检查和交付过程中，巴甫洛格勒机械厂遭遇了各类问题。为避免交付工作出现延误，由通用机械制造部第1总局主任 B. H. 伊万诺夫（В. Н. Иванов）和战略火箭军的 H. B. 克拉韦茨（Н. В. Кравец）将军共同领导的工作组几乎常驻巴甫洛格勒。"南方"设计局在交付工作中提供了技术指导。

科斯特罗马导弹师是苏联战略火箭军中第一个装备作战铁路导弹综合系统的部队,下辖的第一个导弹团于 1983 年组建。在当时,不管是师的指挥人员,还是团的指挥人员,实际上都必须从头开始掌握新的铁路技术设备,建立训练和物资基地,为值班哨所配备设备。同时,还要着手为作战铁路导弹综合系统准备停放地点。同一年,首个铁路基地成立,它对于科斯特罗马导弹师乃至整个战略火箭军而言都是新生事物。科斯特罗马导弹师首个装备 РТ-23УТТХ 作战铁路导弹综合系统的导弹团,于 1987 年 10 月开始执行试验性战备值班,其他导弹团紧随其后陆续在 1988—1989 年投入战备值班。该师的作战铁路导弹综合系统在战备值班路线上机动运行至 1993 年。2005 年,该师的作战铁路导弹综合系统撤装,并被运往销毁地点。

彼尔姆州的导弹师也装备了作战铁路导弹综合系统。1996 年,该师的一个团从常备部署点机动至普列谢茨克科学试验靶场,并在那儿成功进行了 15Ж61 导弹的训练-作战发射。

最后一个装备作战铁路导弹综合系统的导弹师驻扎在雪松镇(поселок Кедровый)附近。1990 年,该师的作战铁路导弹综合系统进入战备值班。

战略火箭军共部署了三个装备导弹列车的师,运作着 12 套作战铁路导弹综合系统。每套作战铁路导弹综合系统就代表着一个导弹团。每套作战铁路导弹综合系统拥有三个发射装置,导弹总数量达到了 36 枚。

在常备部署点,导弹列车(作战铁路导弹综合系统)分别部署在相隔数千米的固定设施内。一旦出现战备等级提升,导弹列车就会分散到战备值班路线上。导弹列车在苏联铁路网上能够迅速变换发射阵位,每天的机动距离可达 1 000 千米。

每个铁路基地都有数十个专业出身的军人掌握和运作着上百台设

部署作战铁路导弹综合系统的固定设施

备，管理着几十座建筑和设施。每个导弹师都有一个常备部署点设施综合体，其中一部分外形巨大的设施可以打开顶棚，以便部署在内的作战铁路导弹综合系统直接抬升运输发射容器，就地进行导弹发射；其余的建筑则类似于铁路车库，还有一些专用大棚用于防止潜在对手从太空侦察。军人在这些地点昼夜不间断值班，对列车进行技术维护，确保作战铁路导弹综合系统的出动率。

在组建一个导弹团时，人员首先会被送往普列谢茨克科学试验靶场进行训练。训练结束后，经考试合格的人员会在科学试验靶场的15П952导弹综合系统（РТ-23导弹综合系统）过渡型号上执行试验性战备值班，以学习如何处理技术维护问题（学习年度维护规程和每三年的维护规程）。作战铁路导弹综合系统上的勤务工作受到苏联军

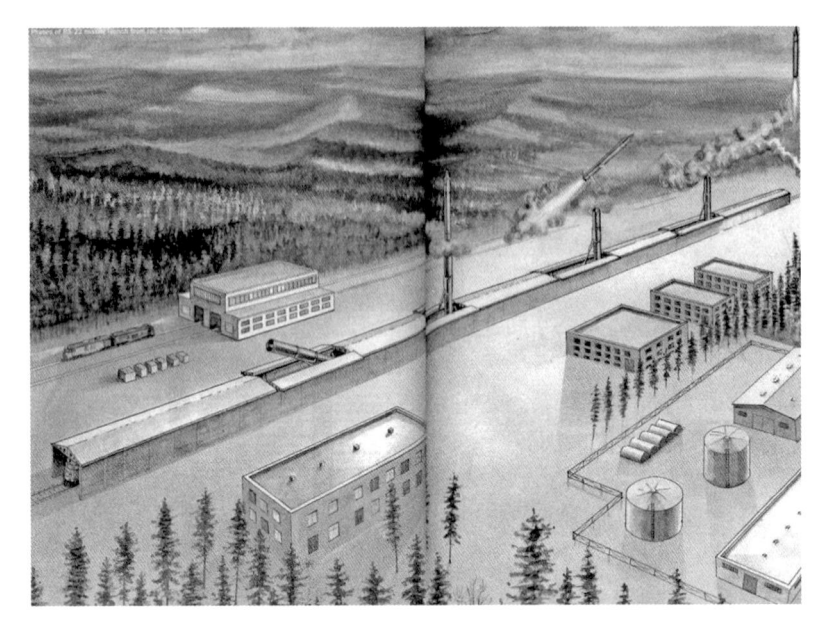

**一幅表现作战铁路导弹综合系统在常备部署点固定设施中
就地发射的图画，比现实中多出了一个发射装置**

方高度重视，在导弹列车上服役的军官比在发射井导弹综合系统中服役的同职务军官拥有更高军衔。

每个装备作战铁路导弹综合系统的导弹团都根据地质和地理条件，规划了自己的战备值班路线并做了相应设备配备。战备值班路线设置在数条铁路和铁路支线上，沿途设有作战发射阵位、野外训练-作战发射阵位和待机阵位。

苏联交通部和军方在作战铁路导弹综合系统的部署点和巡航线路上进行了大量路基加固工作，数千千米的轨道得到了升级改造：铺设了更重的铁轨，将木质枕木换为钢筋混凝土枕木并加填了密集的碎石。根据需要改建了沿线桥梁，为车站和站间区间配备了更加现代化的新型信号装置、道岔和信号控制系统、闭塞系统以及通信系统。在所有巡航线路上都修筑了野外场地。在站间区间出现了会让站,并额外铺设 2 至 3 千米的铁路。总共修建了约 200 个会让站,它们都是无人值守的,没有站台建筑和铁道工务人员岗位。

在苏联方面决定部署作战铁路导弹综合系统后,战略火箭军面临的一项复杂的新任务,是建立相应的机动式导弹综合系统运行系统并采取新的保卫防御措施。战略火箭军导弹装备总局、导弹装备操作总局和通用机械制造部第 7 总局为此进行了密切合作。第 7 总局的授权代表直接常驻军事单位,组织各个工业企业解决出现的各种问题。工业界专家不仅在作战铁路导弹综合系统的交付和投运过程中提供了协助,还进行了有效的独立监督。

作战铁路导弹综合系统的安全问题,在它尚处于开发阶段时就受到了高度重视,对安全的关注到了系统运行阶段也没有丝毫减少。苏联方面采取了多种技术措施并进行了各种试验,其中包括使用枪械射击导弹,测试导弹在受到打击和遭遇火情时是否安全,等等。此外还通过组织措施来进一步保证了铁路导弹综合系统的安全。

1988 年,为确保作战铁路导弹综合系统安全运行,完善导弹师和铁路部门的协作机制,苏联方面举行了一次救援列车牵引演练,对于导弹列车车厢翻倒并冲出轨道时该如何处理进行了真正的训练。演练过后,苏联交通部和国防部根据评估结果,制定了作战铁路导弹综合系统出现紧急情况时各个单位需采取的应急措施。

作战铁路导弹综合系统在投运时有一个特殊环节:当它驶离巴甫洛格勒机械厂后,会先转移到别廖扎诺夫卡(Березановка)火车站停留七天,然后才驶向常备部署点。从形式上看,这似乎是针对美苏"限制战略武器条约"而向美国侦察卫星进行展示。但另一个理由更让人信服,即苏联必须让潜在对手知晓有这样一种反击系统真实存在,这是作战铁路导弹综合系统的主要用途之一。

至于作战铁路导弹综合系统在巡航线路上会不会被识别,其实它并不是完全"隐形"的，有经验的专家能够看出它是哪种列车。但正常运行期间，它什么时候向哪儿驶去，谁都无法有把握地确定。

苏联方面的实践表明，得益于成熟的敌方来袭预警系统和能够确保作战铁路导弹综合系统从停放地紧急出动的交通管理系统，要击毁它或使它丧失战斗力是件异常困难的事。在对手导弹飞抵前的这段时间内，作战铁路导弹综合系统就能够离开驻地，转移到可以存活下来的距离上。而在国家受到威胁，军队战备级别达到最高级时，作战铁路导弹综合系统的巡航强度将大幅增加，以保证足够的生存性。

处于维护设施中的作战铁路导弹综合系统

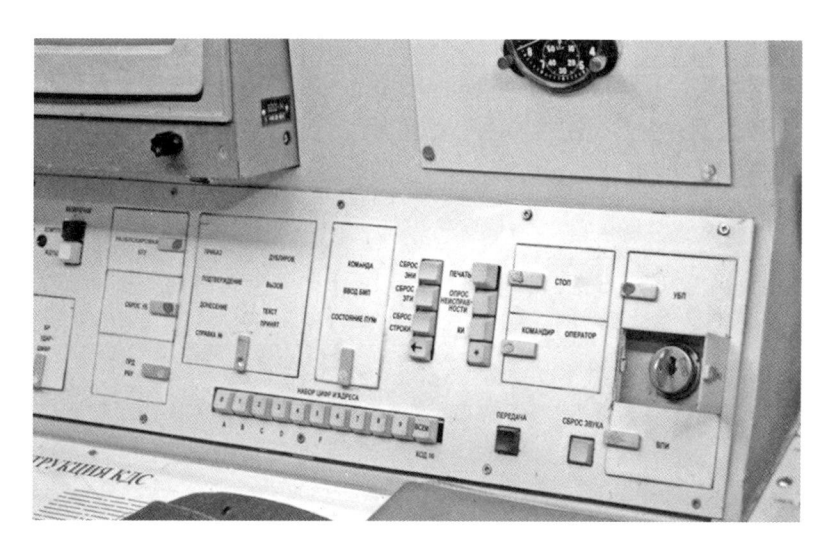

作战铁路导弹综合系统的操作工位

表3　РТ-23和РТ-23УТТХ作战铁路导弹综合系统主要性能数据一览表

综合系统名称	初始配置的作战铁路导弹综合系统	战术技术性能改进型作战铁路导弹综合系统
试验设计工作名称	/	"勇士"（Молодец）
政府决议中的代号	РТ-23	РТ-23УТТХ
苏联国防部文件及设计文件中的代号	15П952	15П961
作战铁路导弹综合系统列车平台		
列车平台组成部分： ДМ62内燃机车 发射单元，包括： 　技术设备车厢 　发射装置车厢 　发射装置控制站车厢 指挥单元，包括： 　导弹团指挥所车厢 　无线电发射中心车厢 　柴油发电站车厢 　燃料储备罐车厢 　自持储备车厢 　食堂车厢 　指挥人员宿舍车厢 　乘员宿舍车厢	2—3台 3个 1个	2—3台 3个 1个
使用铁轨轨距	苏联标准轨距	苏联标准轨距
发射装置车厢长度（米）	23.6	23.6
行驶速度（千米/时）	80	80
保用期限（年）	10	15
配用导弹		
导弹名称	15Ж52	15Ж61

续表

综合系统名称	初始配置的作战铁路导弹综合系统	战术技术性能改进型作战铁路导弹综合系统
导弹储存在运输发射容器中的长度（米）	21.9	21.9
导弹在飞行时的长度（米）	23	23
直径（米）	2.4	2.4
起飞重量（吨）	104.5	104.5
最大射程（千米）	不装满战斗部时可达10 000	10 000
战斗部配置	10枚15Ф444战斗部（每枚当量43万吨）或根据需要更换为相应的突防装置	10枚15Ф444战斗部（每枚当量43万吨）或根据需要更换为相应的突防装置
圆周公算偏差（米）	最大射程时不大于700米	最大射程时不大于500米
进入战备值班年份	未正式进行过战备值班	1987
列装年份	未列装	1989

二、苏联战略火箭军的战备值班和作战机制

苏联战略火箭军于1960年开始执行战备值班，战备值班即维持导弹部队和核导弹时刻处于发射准备状态。苏联战略火箭军的战备值班机制由《火箭军各部和各单位战备值班条例》确立，在条例中对战备等级做出了规定，并明确了各个部队、各个单位以及导弹、弹头按照相应战备等级和相应发射准备时间应采取的动作。

战略火箭军战备值班的核心原则是昼夜不间断值班，从中央指挥部到导弹师、导弹团指挥所再到一个个独立的导弹发射装置皆采用这

一原则，通过轮换的方式保持对部队和导弹的持续管理。

苏联第一代和第二代洲际导弹综合系统的战备值班等级分为三等，即日常值班、加强战备值班和完全战备值班（而 P-12 导弹系统较为特殊，值班等级分为四等，还多出一级加强战备值班）。处于日常值班时，发射井和发射容器内（技术阵地上）的导弹没有弹头（P-12 导弹没有陀螺仪）。一旦实行加强战备值班，弹头就会被装上导弹（P-12 导弹就会装上陀螺仪）。实行一级加强战备值班时，开放阵地上的导弹会被安装上发射台，然后接上燃料加注装置或燃料加注车，并启动控制系统以进行数据输送和系统检测。实行完全战备值班时，就会进行燃料加注和瞄准，并维持 24 小时（P-9A 导弹）到 30 天（P-16 导弹）的战备状态。

而在苏联第三代洲际导弹综合系统（P-36、УP-100 导弹）实现燃料预加注和长期储存后，导弹的发射准备时间从数小时缩短为数分钟，战备值班也由此变为实行统一的常态化高度战备值班，即让装有弹头、处于加注状态、启动了控制系统并已瞄准好的导弹在发射井和运输发射容器中随时待命。

苏联每一枚处于常态化高度战备值班的洲际弹道导弹都有自己的飞行任务，它规定了导弹要把战斗部投送到地球哪个点位。苏军总参谋部制定的《战略核力量作战总计划》中为战略核力量的所有组成部分指定了目标，战略火箭军司令部据此来确定需要保持多少导弹处于高度战备，它们的目标在哪里，并将计划拆分下达至各个导弹师执行。苏联导弹综合系统自第三代起均配备有弹载计算综合设备，在战略火箭军自动化部队指挥系统研制成功并运行后，导弹的飞行任务和应用场景在技术层面上能够实现远程变更。

苏联的第四代洲际导弹综合系统（P-36M2、PT-23УTTX 和"白杨"导弹综合系统，在一些资料中有时也划为第五代导弹系统）具备作战再瞄准功能。这一功能对于机动式导弹综合系统而言十分重要，由于机动式导弹综合系统在巡航期间不断变换着发射装置位置，需要定期重算飞行轨迹。苏联的公路机动洲际导弹综合系统执行战备值班巡逻时，一般不会超出面积为 122 500 平方千米的战备部署区（350 千米×350 千米），紧急情况下才会超出界限疏散至面积更大的区域内。铁路洲际导弹综合系统从常备部署点出发后，则可以在巡航路线上行驶上千千米，在外进行 1 至 2 个月的战备值班。

在全面核战争爆发的情况下，苏联战略火箭军将会分两个阶段实施反击-迎击（ответно-встречный удар）作战：确认领土上出现核爆炸后，在第一阶段的反击-迎击中尽全力使用打击精度更高的井射式洲际导弹，而后才在第二阶段的反击（ответный удар）中动用公路机动导弹和铁路机动导弹。由于苏联采取的是"后发制人"核战略，战略火箭军的反击-迎击作战更侧重于打击潜在对手的行政中心、工业中心、交通枢纽和港口，而非潜在对手在"先发制人"后留下的空发射井。受这种策略影响，战略火箭军将导弹的稳定性（强度）摆在了首要位置，对于导弹打击精度的要求则相对没有那么苛刻。

上文中提到过的 Г. К.赫拉莫夫（Г. К. Хромов）也是苏联航天器管理总局资深专家、美苏《中导条约》及其他国际协定谈判的参与者。这位权威人士生前（赫拉莫夫已于 2007 年过世）曾表示，反击-迎击作战也被称作在对手杀伤过程中反击，迎击是在对手造成大面积杀伤之前，反击是在对手造成杀伤之后。这意味着，其间对手的一些核战斗部已经飞临苏联，苏联是通过这一迹象来彻底判定袭击事实并下达反击命令。

苏联对于战略核部队的硬性要求是不仅要能够实施反击，还要能实施反击-迎击，战略核部队应具备足够高的战备性、作战指挥效能，在面对对手杀伤时应具有足够的稳定性。不过反击相对而言更受重视，这是由于反击对于发射器材、发射阵位和作战指挥系统高生存能力的要求比在反击-迎击条件下更容易被满足，且苏联领导层需要更多时间做决定。反击-迎击跟反击的结合能够降低对手对于攻击效果的信心。

赫拉莫夫也曾指出,苏联从未打算"在告警时发射",而是在做出报复打击决定之前等待自身领土上发生实际的核爆炸。

苏联在20世纪60年代曾有过将"在告警时发射"作为核心战略姿态的倾向,当时苏联方面设想的某些状况为先发制人攻击创造了空间。但当苏联方面开始系统地考虑这些事项时,"第一次打击"迅速就被排除掉了——苏联从来没过实际的第一次打击能力,同时也不像美国那样沉迷于"限制损害"的概念。随后,"被打击后发射"(反击-迎击作战)在20世纪70至80年代成为苏联核策略中的新选项。

Р-36М2导弹和РТ-23УТТХ导弹是苏联"被打击后发射"(反击-迎击作战)得以实施的核心装备,这两型导弹的元件(从电子设备到弹体)都经过加强以抵御核爆炸影响,这也是Р-36М2导弹和РТ-23УТТХ导弹具有黑色涂层的原因——它能够帮助导弹顺利穿过核爆蘑菇云。按照赫拉莫夫的说法,导弹元件加强项目,特别是其中的电子设备,跟70年代早期导弹发射井的加固结构一样昂贵。

苏联预警系统所起的作用和美国的有很大差别。苏联无法依赖"双重现象学",即像美国那样可以通过两种传感器观测到敌方来袭,这是地理问题,与系统的性能无关。因此苏联建立了自己的一套有别于美国的指挥与控制系统,不必苛求领导层在敌方第一批弹头飞到头上之前就必须有足够多的时间做决定。

这套独特的指挥与控制系统在设计时完全排除了"在告警时发射"这一选项。一旦预警系统观测到敌方攻击,领导层不必急于做出决定。与之相对,这套系统有一个所谓的"初步命令"选项,会使苏联战略核力量进入更高级别的战备状态,大概就是通过一些措施解开安全锁,让导弹的实际发射变成能够办到的事。如果再达到一些别的条件,这套系统的指令还将授权苏联战略核力量发射导弹进行报复,其中一个条件十分可能是已与中央指挥机构失去联系,另一个重要条件应该是确认苏联境内已发生核爆炸。探测到核爆炸应该是苏联进行报复性发射的必要条件。从苏联预警系统设备发现敌方导弹升空到敌方第一枚弹头来袭的这段时间,会被用来做出准备反击作战和准备反击-迎击的决定。而实施反击-迎击作战的指令,只会在苏联领土上出现第一波核爆后才会下达。苏联的这一机制在一定程度上能够防备敌方突然实施斩首打击,也能够防止信息偏差导致导弹意外发射。这一机制还为苏联决策链释放了相当大的压力,因为在确认"敌方正进行攻击"之前,不必做出无法逆转的决定。这意味着,1983年的彼得罗夫上校事件和1995年的挪威黑布兰特发射事件都不像人们通常认为的那样危险。在苏联(当然也包括美国),没有人会仅仅根据预警系统生成的告警来启动任何东西。

三、РТ-23УТТХ 作战铁路导弹综合系统的销毁

1991年之前,苏联战略火箭军三个导弹师的作战铁路导弹综合系统一直在铁路上巡航值班,这对于美国军政领导层来说是一个棘手的问题。美国人不断向苏联领导人施压,试图消除这一威胁,最后他们达到了这一目的。1991年9月,苏联政府决定:作战铁路导弹综合系统将只在常备部署点(20千米宽度范围内)值班,不再进入苏联铁路网巡航,这实际上让作战铁路导弹综合系统失去了存在意义。此后作战铁路导弹综合系统就逐渐停在了那里。

苏联解体后,俄罗斯在《第一阶段削减战略武器条约》谈判中同意限制机动式导弹综合系统的战斗部数量,并对机动式导弹综合系统的战备值班也进行限制。针对机动式导弹综合系统制定了比固定式导弹综合系统更加严格的销毁程序,执行协议时不仅要销毁发射装置,还要销毁掉导弹本身。

《第一阶段削减战略武器条约》于1994年生效后，铁路导弹综合系统的部署受到了限制，而已经部署的作战铁路导弹综合系统只能在常备部署点值班。尽管此时的铁路发射装置上还有36枚15Ж61导弹，且每枚导弹装有10个战斗部，但它们作为俄罗斯核战略部队作战系统的意义已经近乎为零。

1993年1月美俄签署的《第二阶段削减战略武器条约》，又将消除所有"重型"的洲际弹道导弹和机动式导弹综合系统列为关键条款。毫无疑问，美国人的主要目的是限制俄罗斯作战铁路导弹综合系统的作用，并在之后将它们销毁。美国人在"削减战略武器条约"及其附件中成功加入了限制-销毁条款和相应程序，最终让俄罗斯的作战铁路导弹综合系统彻底灰飞烟灭。美国的举动均是单方面的，过后俄罗斯人才恍然大悟，对方并没有部署类似导弹集群的计划。

例如在条约第三条第10b款中，美国宣称MX导弹就是现有的用于机动发射装置的洲际弹道导弹，但由于"某种原因"，铁路机动版MX导弹的战术技术性能并不被明确说明。当被问及MX铁路导弹综合系统在哪儿，为什么不指明部署这些导弹系统的基础设施时，美国人语焉不详。后来俄罗斯人才在核查中发现，美国原来根本就未曾为了部署铁路机动版MX导弹而去改建空军基地。

1992年6月17日，美俄签署《美利坚合众国和俄罗斯联邦关于安全有保障地运输、储存和销毁武器及防止武器扩散的协议》，为期七年。1999年6月15日至16日，双方又签订特别议定书，将上述协议延长七年。当时美国发出倡议，做出了一种要停止开发所谓铁路机动版MX导弹的姿态，俄罗斯领导人急忙宣布不会进一步部署和升级15Ж61洲际弹道导弹。

РТ-23УТТХ作战铁路导弹综合系统的服役期限一开始是相对短些的，这是由于苏联方面没有这种导弹综合系统的操作经验，后来服役期限被延长到了15年。最早一批投入使用的РТ-23УТТХ导弹综合系统应在 2001 年结束战备值班，而所有 15Ж61 导弹的使用寿命由于正常原因都应在 21 世纪头十年中期达到上限。

与苏联后期那些液体推进剂导弹加注燃料后可以服役长达三十年不同，固体推进剂导弹由于自身燃料特性而寿命更短。就算是推进剂研究机构通过大量工作来证明可以进一步延寿，在特定风险下，导弹能获得的寿命增益也非常少。不过延寿这条路在原则上并不是死胡同，例如美国就将"民兵"导弹的固体推进剂药柱从发动机壳体中取出，再填充进新药柱来延长它的使用寿命。但这样的 15Ж61 导弹延寿计划，在俄罗斯与乌克兰之间政治经济关系破裂，并且俄罗斯出现大范围预算赤字、金融系统运作不稳定、管理机构灾难性退化、有经验专家不断流失的情况下，是难以实施的（对于发射井中的 15Ж60 导弹而言也是如此，它们于 1999 年撤装并被销毁）。

因此，15Ж61 导弹在 2002 年至 2006 年退役并被销毁不仅有政治上的原因，也有经济上和技术上的原因。2004 年，俄罗斯战略火箭军司令 Н. Е.索洛弗佐夫（Н. Е. Соловцов）表示："俄罗斯的战略导弹部队不得不同作战铁路导弹综合系统永别，因为这些综合系统的配用导弹是由乌克兰生产的，而现有导弹的寿命已经用尽。"2005 年 9 月 1 日，装备作战铁路导弹综合系统的最后一个导弹师停止战备值班。

为了销毁作战铁路导弹综合系统，俄罗斯国防部基于撤编导弹师组建了"克拉斯诺亚尔斯克"部件储存基地和"别尔舍季"（Бершеть）部件储存转运基地，它们的作用是先暂时保持作战铁路导弹综合系统的技术设备和技术系统处于运作，卸下导弹后再拆除设备，最后将导弹和设备送往销毁基地或是送往库房以备再次利用。2002 年至 2006 年，全部 12 套作战铁路导弹综合系统和 2 个训练用发射模块在这两个基地内停止运行并被移除设备，36 枚 15Ж61 导弹被从发射装置中取出并排掉分导级燃料。

废弃的作战铁路导弹综合系统维护设施

布良斯克基地中接受"再利用"改造的车厢

之后，卸下的导弹被送往彼尔姆做下一步处理，包括燃尽导弹燃料。拆下的设备被送往战略火箭军军火库存放。列车平台则被送往"布良斯克"基地，对车厢"废物利用"。而作战铁路导弹综合系统原先的常备部署点在发挥完部件储存、转运和拆除基地作用后，立刻就被彻底废除，并且编制撤销、人员遣散。

随着最后一套 РТ-23УТТХ 作战铁路导弹综合系统被销毁，洲际弹道导弹技术发展上的这一方向在 20 世纪似乎已经走到了尽头。不过，那些未完全公开的技术储备，或许还留给了它在未来复兴的一丝希望？

作战铁路导弹综合系统在历史上也曾有过一个渺茫的延续机会：1989 年，当苏联战略火箭军正式列装 РТ-23УТТХ 作战铁路导弹综合系统时，"南方"设计局随即启动了 РТ-23УТТХМ "叶尔马克"（Ермак）未来固体推进剂导弹综合系统的项目，它有着更加优异的性能，应用了更新型的材料和推进剂。РТ-23УТТХМ 导弹综合系统（作者注：УТТХ 意为战术技术性能改进型，УТТХМ 意为战术技术性能改进和完善型）在三年内被设计了出来，完成了优化，迈入了飞行试验准备阶段。1991 年 12 月，РТ-23УТТХМ 导弹综合系统配用的 1Л 导弹制造完毕，但由于苏联内部环境的剧烈变化，这一计划被迫终止。

第十二章　未来的可能性

只要能保持军事战略平衡，我们就会被考虑在内。

——苏联通用机械制造部部长 C. A. 阿法纳西耶夫（C. A. Афанасьев）

机动式导弹综合系统是苏联/俄罗斯战略核力量最有效的威慑手段之一，而作战铁路导弹综合系统从中脱颖而出，成为苏联数以千计的军队专家和工业界专家以他们的奉献精神和集体才智为国家创造出的坚实盾牌。苏联解体后，美国坚持要俄罗斯销毁 15Ж61 导弹及其铁路发射装置，就足以表明其忌惮之心。

在某种意义上，作战铁路导弹综合系统可与装有潜射洲际弹道导弹的战略核潜艇比肩，它们都难以被发现，难以被摧毁。只不过在领海以外的大洋上活动的战略核潜艇指挥难度更大，更可能暴露在各种侦察手段和攻击手段之下（此外，针对战略核潜艇的侦察手段和攻击手段也正在迅速发展着）。战略核潜艇需要昂贵且复杂的海军舰艇提供持续保护，而在可预见的未来，如果技术和经济实力不足以支撑一支能够保护好己方弹道导弹潜艇并对抗最强大潜在对手海军的舰队，那么战略核潜艇将不得不继续躲在北冰洋冰层下巡航，但即便这样也无法保证它们的生存性，确保它们的定期巡航也将越发困难。

当时机成熟时，机动式铁路导弹综合系统或许将以集装箱导弹系统的新形态再次登场。铁路集装箱导弹综合系统有成为战略稳定手段和高效反击武器的潜力。在任何一个海运和陆运发展较为成熟的国家，包括俄罗斯在内，港口、火车站和铁路上都堆满了 20 和 40 英尺①集装箱，它们被运来运去或广泛地用作临时仓库、住房、设备间等，将集装箱导弹综合系统混在其中十分有利于隐蔽。

苏联研制 PT-23УTTX 作战铁路导弹综合系统期间，一个最大的问题就是导弹及其发射装置的重量，这迫使技术人员引入了许多复杂的技术解决方案，并对铁路进行了大规模改造。在兼顾井式和机动两种发射方式，力求导弹射程达到一万千米，要求导弹打击威力同对手导弹保持对等的过程中，苏联方面遭遇了一系列困难和阻碍。倘若继承者不再强调作战装备的威力，转为确保反击的不可防御性，那么事情就会好办得多。铁路集装箱导弹综合系统的重量更轻，更易制造、操作和维护，它们更难在第一次打击中被发现和摧毁。在导弹质量和动力相对不足的情况下，还可适当降低对导弹最大射程的要求，毕竟铁路集装箱导弹综合系统更易接近或驶近目标。

至于是否真的有弹可用？苏联在冷战末期就已经开发出了"矛"-P（Копье-P）和"信使"两款小型洲际弹道导弹。其中莫斯科热力工程研究所研制的"信使"小型洲际弹道导弹综合系统明确考虑了不同的发射方式，除了传统的拖车，导弹还可以部署在船只上和铁路车厢内。上述导弹早在 30 多年前就迈入了飞行试验阶段，它们的外形尺寸已经能够满足集装箱化的要求（或是已经十分接近集装箱化的要求），它们的储备重量在 10 至 15 吨之间，足以让导弹的运输发射容器及其主被动防护系统、起竖系统、发射检查和准备设备也一同"装箱"。而自 80 年代末以来，导弹技术已有了巨大进步，控制系统已经变得更轻巧、更高效，新材料、新推进剂和各种突破反导防御系统的手段也被开发了出来。若以现在的技术开发小型洲际导弹，它们的性能应该不会比 80 年代末的"老前辈们"差。新型铁路集装箱

---

① 1 英尺＝0.3048 米。——编辑注

导弹的推进剂类型可以是液体，也可以是固体：液体推进剂导弹方案有其优势，动力更足，保用寿命要长得多；固体推进剂导弹则便于维护，安全性相对更高。

表4　苏联和美国小型洲际弹道导弹数据一览表

导弹名称	"矛"-Р（Копье-Р）	"信使"（Курьер）	"侏儒"MGM-134（Midgetman MGM-134）
研制国家	苏联	苏联	美国
研制机构	"南方"设计局	莫斯科热力工程研究所	马丁·玛丽埃塔公司
研制年份	1989—1991	1983—1990	1986—1991
项目进度	准备进行飞行试验	进行过飞行试验	进行过飞行试验
发动机类型	液体推进剂发动机	固体推进剂发动机	固体推进剂发动机
起飞质量（吨）	10.9	15	13.6
长度（米）	12.9	11.2	14
直径（米）	1.15	1.36	1.17
最大射程	洲际	洲际	11 000 千米

附录　美国的铁路导弹系统

自 20 世纪 60 年代起,固体推进剂导弹的研发一直是美国的优先事项。1965 年,携带单弹头的固体推进剂"民兵-2"导弹列装。1970 年,携带三个战斗部、攻击力更强的固体推进剂"民兵-3"导弹问世。

70 年代初,美国开始研制更先进的"和平卫士"导弹,通常也被称为 MX 导弹。MX 导弹是美国最先进的洲际弹道导弹,对于其外形的初步研究大约持续了 6 年,其间各家公司提出了起飞质量在 27 吨到 143 吨的十五个导弹方案。最终,质量约为 90 吨,能够利用现成"民兵-3"导弹发射井(但需进行升级)的三级导弹方案在竞争中脱颖而出。1976 年至 1979 年,美国进行了大量试验工作,以研究导弹结构和可行的部署方案。

1982 年 4 月,MX 导弹的各级主发动机点火试验开始。仅仅一年之后,也就是 1983 年 6 月 17 日,第一枚 MX 导弹进行试射。美国的 MX 导弹项目实际上是与苏联的 PT-23 导弹综合系统项目同期进行的。

MX 导弹上应用了当时美国最前沿的材料学、仪器学和电子技术成果,首次采用了类似苏联导弹的"迫击炮"冷发射方式。它配有分导弹头,根据需要可安装 10 至 12 枚战斗部。

美国共生产了 114 枚 MX 导弹,到 1995 年年中时有 31 枚由于各种原因已发射出去。随着冷战结束,国际形势缓和,尽管 MX 导弹性能优越、高度可靠,美国方面对它的看法还是出现了转变,最终导致它退出现役。如今它和自己的苏联对手 PT-23УТТХ 导弹综合系统都已成为历史。

在开发 MX 导弹期间,美国也像苏联那样考虑过以不同的部署方式来提高战略导弹部队的生存性:研究过外形类似乌龟的(这种外形可以减少核爆冲击波的影响)专用运输载具;考虑过半开放半遮盖的坑道部署方式,让发射装置在各个阵地间移动。1986 年,当井射式 MX 导弹初步具备作战能力时,里根总统批准了 MX 铁路导弹系统方案,即由数个标准牵引车头、2 个 MX 导弹发射车厢(最多可以达到 5 个)、1 个作战指挥和通信设备车厢(指挥所)、1 个供电系统车厢、2 个人员车厢,以及其他保障车厢来组成导弹列车。

MX 导弹的尺寸要比 15Ж52 和 15Ж61 导弹小得多,重量相较之下也轻了不少,这原本十分有利于进行铁路部署。但 MX 铁路导弹系统的发射车厢却反而比 РТ-23УТТХ 作战铁路导弹综合系统的要长,其长度为 27.12 米,加上运输发射容器、导弹等设备重量约 180 吨(一说 220 吨),为了减少铁轨负荷,采用了八轴配置。

搭载两枚 MX 导弹、由 25 节列车组成的标准配置铁路导弹系统进行战斗值班时,标准移动速度为 50 千米/时。导弹可以在巡航路线上任意位置进行发射,其发射过程与 РТ-23УТТХ 作战铁路导弹综合系统类似:发射车厢会在发射前展开支座,然后开启顶盖,抬升导弹运输发射容器。

美国曾打算在 9 个空军基地部署 MX 铁路导弹系统,部署方式与 РТ-23УТТХ 作战铁路导弹综合系统相似:在外观上与民用列车无异的导弹列车平时停放在基地掩体内,在国际形势十分紧张时会疏散至国家铁路网上,作战时从预定阵位进行发射。若遭遇突然袭击来不及疏散,导弹列车也可在掩体内直接发射,届时掩体顶部将会打开。

1991 年,波音公司制造出了 MX 铁路导弹系统原型车。美国曾出人意料地宣布 MX 铁路导弹系统主要部分的独立测试和综合测试已经成功完成，已具备快速部署 MX 铁路导弹系统的科学技术条件。但同时又指出，铁路部署方式对于美国而言存在诸多弊端和难处，例如：低密度的铁路网和通用列车的低通行量导致 MX 铁路导弹系统缺乏隐蔽性和生存性，MX 铁路导弹系统在潜在对手的地面、空中攻击面前十分脆弱，也无法有效防范颠覆破坏行动和恐怖组织袭击；各州行政部门与私营铁路公司管理层无法就导弹列车的战斗值班路线达成一致；部署尺寸巨大的 MX 铁路导弹系统前需要大量投资，以加固铁轨和建造各种基础设施；公众对于核导弹列车在各州进行机动表现出消极态度，担心引发环境问题；等等。此外，为了保密性，MX 铁路导弹系统必须专人操作，专人维护保障，无法交由雇佣人员办理。

不过在俄罗斯方面看来，采用标准配置的 MX 铁路导弹系统原型机从未被制造出来进行过综合测试，且一些设计方案可能并不成功。当俄罗斯核查小组赴美查验西部导弹靶场（范登堡空军基地）和其他设施后，俄罗斯方面更加认定了这种看法：

由于技术原因，MX 导弹没有在铁路发射装置上进行过试射，取而代之的是载荷模型投掷试验（美国也进行过 MX 导弹制导装置的卡车和货车振动运输试验，认为打击精度不受影响，不需要对制导装置做任何改进，但试验结果是由几个单项试验结果综合而来的，未进行过综合试验）。

MX 导弹弹出运输发射容器、启动主发动机后，如何让射流避开发射装置，不得而知。如果 MX 导弹没有安装"偏摆"发动机或是采用别的手段来保证发射装置的稳定性，那么发射装置和铁路路段就可能出现损坏（而西屋公司的单独试验认为，列车能够承受发射时所受到的反作用力）。

MX 导弹列车没有配备电力接触网拨开和短路装置，电气化铁路路段上的发射方式不明，甚至可能根本无法在电气化铁路路段上发射。

  针对 MX 导弹列车常备部署点和铁路基础设施如何组成、外形怎么样、有什么要求的确定工作，仅停留在初步设计阶段；试验型 MX 铁路导弹系统在真实铁路网上的巡航方案，也未编制完成。

参考文献

一、俄文

(一) 俄文著述

Подвиг П. Л. (ред.). Стратегическое ядерное вооружение России [M]. М. 1998.

М. Первов. Межконтинентальные баллистические ракеты СССР и России [M]. Краткий исторический очерк. М.: 1998.

Карпенко А. В., Уткин А. Ф., Попов А. Д. Отечественные стратегические ракетные комплексы [M]. СПб: Невский бастион-Гангут, 1999.

Ракеты и космические аппараты конструкторского бюро "Южное" [M]. Под общ. ред. С. Н. Конюхова. ГКБ "Южное" им М. К. Янгеля, Днепропетровск, 2000.

Губанов Б. И. Триумф и трагедия «Энергии». Размышления главного конструктора [M]. Нижний Новгород. 2000.

Дроговоз И. Г. Крепости на колесах: История бронепоездов [M]. Минск. 2002.

Андрюшин И. А., Чернышев А. К., Юдин Ю. А. Укрощение ядра. Страницы истории ядерного оружия и ядерной инфраструктуры СССР [M]. С., С: Красный Октябрь, 2003.

Дорнбергер В. ФАУ-2. Сверхоружие Третьего рейха 1930-1945 [M]. М. 2004.

Призваны временем. Ракеты и космические аппараты конструкторского бюро "Южное" [M]. Под общей редакцией С. Н. Конюхова. Д: Арт-Пресс, 2004.

КБ специального машиностроения: От артиллерийских систем до стартовых комплексов [M]. Под редакцией Ушакова В. С. СПб, 2004.

Иванов С. Н. Лекции по истории развития баллистических ракет и ракет-носителей, часть 1 Ракетные комплексы РВСН [M]. Учебное пособие. Московский физико-технический институт. Факультет военного обучения МФТИ. 2006 г.

Стратегические комплексы наземного базирования [M]. Военный парад. Москва. 2007

История развития отечественного ракетостроения [M]. М., 2014. Т. 1.

Кочнев Е. Секретные автомобили Советской Армии [M]. М., 2011.

Чл. -кор. РАН А. С. Жарков., канд. техн. наук А. В. Литвинов., канд. техн. наук А. В. Яскин., канд. техн. наук Д. Д. Аксененко. О работах ФНПЦ "Алтай" в кооперации с КБ "Южное" при создании ракетной техники [M]. Космическая техника. Ракетное вооружение. 2014. Вып. 1 (106) 62. УДК 629.7 (092)

Михайлов Владимир. Стратегический 《Молодец》. История железнодорожных ракетных комплексов [M]. Пушкино: Центр стратегической конъюнктуры. 2015.

А. С. Кириченко., Б. И. Кушнир., В. Г. Енотов. Ракетные двигатели на твердом топливе разработки КБ-5 [M]. Космическая техника. Ракетное вооружение. 2016. Вып. 1 (111). УДК 621.454.3

В. М. Новиков., А. А. Емелин., Н. Б. Бодин. 《Создание ФГУП 《Организация 《Агат》, основные задачи и результаты ее практической деятельности》[M]. 2016г.

Председ. редкол. И. А. Комаров. Науч. ред. И. В. Бармин. Сост. М. А. Петров. История развития отечественных ракетно-космических двигательных установок [M]. Серия: Развитие отечественной ракетно-космической науки и техники. М. Столичная энциклопедия. 2018г.

(二) 俄文报刊文章

История создания боевых ракет КБ 《Южное》[J]. Материал подготовила Марина Драгунова. Науки и Техники №11 2016 г., №№ 1, 4, 7, 10 2017 г., № 1 2018 г.

Соловцов Н. Е. БЖРК возвращаются, но будут другими [N]. Военно-промышленный курьер. № 34 (502). 04.09. 2013.

Фаличев О. Оружие возмездия (Интервью командующего РВСН Н. Е. Соловцова) [N]. Военно-промышленный курьер. № 48 (65). 15.12.2004.

АО 《ЦНИИСМ》 55 лет [EB/OL]. Открытое акционерное общество 《Центральный научно-исследовательский институт специального машиностроения》

https://rvsn.ruzhany.info/kbu_002_06.html. 03.08.2018

Историческая справка об АО 《Организация 《Агат》[EB/OL]

https://agat-roscosmos.ru/about/obshchaya-informatsiya/?ysclid=17yniabf45192165401